NO TE PARALICES

Activa tu Crecimiento Personal
y Mejora la Capacidad de Relacionarte

El modelo T.A.P.
(Triángulo de la Actuación Personal).

Primera Edición
Mario Javier Bowen Méndez

De los derechos del autor

"20 entendiendo primero esto, que ninguna profecía de la escritura es de interpretación privada, 21 porque nunca la profecía fue traída por voluntad humana, sino que los santos hombres de Dios hablaron siendo inspirados por el Espíritu Santo".
(2Pedro 1:20) R-V 1960).

NO TE PARALICES,
Activa tu Crecimiento Personal y Mejora la Capacidad de Relacionarte
Primera edición 2019

Derechos Reservados
© Mario Javier Bowen Méndez, 2019,
mbconsultorintegral@gmail.com

ISBN: 978-9962-52-947-7

Diagramación, diseño e impresión:

Fondo Cultural Panameño

Vía Argentina final No 83 – Edificio Tang – Planta baja Panamá, Rep. De Panamá
Telefax (507) 269-9493 – Celular 66787982

RECONOCIMIENTO

A veces, los retos que se nos presentan son tan difíciles de enfrentar, o tan dolorosos, que logran borrar transitoriamente de nuestra mente y de nuestro corazón, la palabra "esperanza". El salmista registra en la Biblia:

> *"Más yo en ti confío, oh Jehová;*
> *Digo: Tú eres mi Dios."*
> *(Salmos 31: 14) R-V 1960.*

Cuando la esperanza desaparece de la mente y del corazón de una persona, literalmente se **"PARALIZA"**, y cree que todo pierde sentido. Esta situación es más común de lo que parece, y se presenta en casi todas las personas en algún momento de su vida, no importando la época o el año, pero sucede. *A mí me sucedió.*

Es por eso que este reconocimiento lo quiero dirigir a quien hizo posible que yo tuviera nuevamente esperanza, y la recuperara cada vez que un gigante problema se presentaba en mi vida. Me refiero a mi Señor Jesucristo, él es mi héroe, mi amigo, mi salvador, quien está conmigo siempre. A él sea toda la gloria y la honra.

> *"Porque tú, oh Señor Jehová, eres mi esperanza,*
> *Seguridad mía desde mi juventud."*
> *(Salmos 71: 5) R-V 1960.*

En la esperanza, el ser humano encuentra un sentido muy especial para vivir, basado en manifestaciones que cada quien puede dar como testimonio, y que los creyentes como yo, sabemos que vienen gracias a la inspiración de nuestro creador.

> *"Y ahora, Señor, ¿qué esperaré?*
> *Mi esperanza está en ti."*
> *(Salmos 39:7) R-V 1960.*

Mi Señor dice en su Palabra, que no dejará que pasemos pruebas que no podamos resistir; es por ello, que siempre contamos con su auxilio, aunque no estemos conscientes en la mayoría de los casos, que fue gracias a su intervención que superamos esas pruebas, y por eso no le damos la gloria a él, sino que creemos que fue por otras causas.

Justo allí, en esos momentos difíciles donde ningún otro ser humano puede hacer nada en sus fuerzas por nosotros, resulta que renace la esperanza sobre el

Dios de lo imposible, cuando lo vemos actuar por nosotros y vemos su poder y su milagro en nosotros; y esto, hace crecer nuestra fe en Él

La fe es la certeza de que algo existe, aunque no lo podamos ver, y creer en ello con convicción de que nos favorecerá, aunque suene imposible que suceda.

Esa fe impulsará nuestro empeño y pondrá motivaciones diferentes en nuestro corazón, repotenciándonos de tal manera que nos levantará y nos hará emprender con fuerzas nuevamente el camino.

"Me gozaré y alegraré en tu misericordia,
Porque has visto mi aflicción;
Has conocido mi alma en las angustias."
(Salmo 31: 7) R-V 1960

Los obstáculos (las pruebas), tratarán de poner en duda nuestra fe, y por lo tanto disminuirá nuestras capacidades y nuestra confianza. Esto sencillamente nos paraliza.

Yo les sugiero que no pierdan la posibilidad de conversar con alguien que entienda la Palabra de Dios que está en la Biblia, y seguramente escucharas su testimonio sobre algún momento de dificultad en su vida, y como consiguió un aliento que vino de su creador, quien le dio nuevamente la esperanza necesaria para vencer esa situación tan difícil.

El Espíritu Santo nos da testimonio vivo del inmenso amor que nuestro creador tiene por cada uno de nosotros, además nos muestra sus planes, y nos ayuda a descifrar cómo enfrentar las pruebas; y esto lo haremos, llenos de un gozo único que sólo Él puede darnos.

El Espíritu Santo es el gran consolador que Dios envía para guiar y ayudar a quien lo ha recibido como un Padre y Él lo haya adoptado como un hijo(a). Los que hemos recibido a Cristo en nuestros corazones, tenemos a nuestro abogado defensor siempre de nuestro lado, y así vivimos con esperanza de alcanzar el reino de los cielos.

"Mas el Consolador, el Espíritu Santo,
a quien el Padre enviará en mi nombre,
él os enseñará todas las cosas,
y os recordará todo lo que yo os he dicho."
(Juan 14:26) R-V 1960

Así que un buen cristiano, estará preparándose en todo tiempo para ayudar a su prójimo a encontrar la esperanza, a través de su testimonio y con el apoyo del Espíritu Santo.

Si le preguntas a un cristiano sobre la esperanza, seguramente encontrarás un tesoro a través de sus palabras cuando te cuente lo que Cristo Jesús ha hecho en su vida: como lo ha levantado, como lo saco de la depresión, de la oscuridad, de los pensamientos de suicidio, de la misma muerte, y como lo llevo de nuevo a recuperar el rumbo a la esperanza; esas palabras, serán suficiente combustible para propulsar tu vida como cualquier cohete a distancias inimaginables, y esto sucede, porque son palabras y testimonios que glorifican al Padre.

El ser humano muchas veces se desestima, y tiene una visión de lo que piensa que está ocurriendo, pero recordemos que la verdad del hombre no es absoluta sino relativa e incompleta, en cambio la verdad de Dios es: plena, confiable, llena de promesas, da esperanza y te impregna de un amor incondicional. Cristo es el verbo, la verdad y la vida.

> *"Jesús le dijo: Yo soy el camino, y la verdad,*
> *y la vida; nadie viene al Padre, sino por mí."*
> *(San Juan 14:6) R-V 1960*

Aprendiendo a escuchar al Espíritu Santo, fortalecemos nuestro propio espíritu, y encontraremos respuestas para seguir con pasos más efectivos, al encuentro del plan de vida que nuestro creador diseñó para cada uno de nosotros.

Cuando se establecen *nuevas relaciones*, generalmente cada quien se presenta tal como és, y la otra persona lo(a) acepta, así como és; pero luego, se la pasan el resto del tiempo que dure esta relación, *tratando de cambiarse unos a otros.*

Es por ello que surgen los conflictos que ocasionan que las relaciones generalmente se terminen, pues se les olvida que ninguna persona es la perfecta y por lo tanto no puede presentar un modelo idóneo para que otra lo siga, dejando a un lado su propia esencia de quien es.

> *"1 No juzguéis, para que no seáis juzgados.*
> *2 Porque con el juicio con que juzgáis, seréis juzgados,*
> *y con la medida con que medís, os será medido.*
> *³ ¿Y por qué miras la paja que está en el ojo de tu hermano, y no echas de ver*
> *la viga que está en tu propio ojo?."*
> *(Mateo 7:1-3) R-V 1960*

En este libro ejemplifico modelos que se desprenden de estas situaciones típicas de la vida, en un mundo donde las relaciones prevalecen, y a veces perduran o se fracturan y se terminan, a consecuencia del efecto del dominio que unas personas quieren ejercer sobre otras, cambiando las reglas del juego que al principio se establecen, rompiendo así, con el *equilibrio* que debería existir.

AGRADECIMIENTO

A Dios todo poderoso, a Jesucristo mi salvador y al Espíritu Santo quien me guía y me consuela.

A mi amada esposa Dilia, mi ayuda idónea que fue puesta en mi camino, TE AMO.

A mi padre Mario Guillermo Bowen Carballo, a quien Dios tenga en su Gloria, siempre le agradeceré su apoyo, su amor y sus consejos, entre los cuales recuerdo el siguiente: *"Cuando creas tener problemas, pídele a alguien que te cuente de los suyos, y verás que los tuyos quizás no son nada comparados con los de esa otra persona"*.

A mi madre, Lucila del Carmen Méndez Quevedo, cuyo amor incondicional supera toda lógica que trate de explicar la mejor conducta humana. Has sido el modelo ideal del amor que estoy seguro, Dios quiere para sus hijos en la tierra.

A mis hijos Katherine, Kevin, Endilmar y Henry, quienes me han apoyado en las decisiones familiares más importantes de nuestro núcleo, y por haber llegado a mi vida a enriquecer el reto de ser un padre en todas sus facetas.

A mis Hermanos Tatiana, Willy y Eduardo, gracias por el apoyo de siempre. Los amo.

A mis Pastores Juan Manuel Aguiar y Massiel Mathus de Aguiar, por ser nuestra guía y servir de vehículos ejemplares para que el Espíritu Santo haya bajado diseño del corazón de Dios para edificar nuestras vidas.

A Nuestros Apóstoles Luis García y Susana de García por haber sido sensibles a las indicaciones de Cristo para lograr la Iglesia en Venezuela, isla de Margarita, que nos vio nacer de nuevo.

A nuestros amigos y hermanos eternos Arderson Salazar y Kely de Salazar, y Anilé su hija, por estar siempre a nuestro lado en cada etapa y en diferentes momentos; dándonos siempre apoyo y buenos consejos, poniendo su fe por obras.

A todos los que no puedo nombrar porque sencillamente sería una lista muy larga, pero que saben que los aprecio y los recuerdo. Dios los bendiga a todos.

PREFACIO

Una vez le oí decir en un seminario al rector de una universidad en la cual me estaba iniciando como profesor; que a él lo inspiraba una frase de una canción que dice así: *"La vida es la que nos pasa por el frente, mientras estamos pensando en otras cosas"*.

Pues, esa frase me quedo dando vueltas en mi cabeza, y hasta el día de hoy cuando la recuerdo, sigue haciéndome pensar que algo tengo que hacer para dejar una huella positiva no sólo en mi vida, sino en la vida de otras personas que, como usted, quiera escucharme.

Así que decidí compartir lo que esta frase me dice, y lo entendí como un mensaje: "NO TE PARALICES" ante situaciones difíciles que generan crisis en la persona, y en sus relaciones con otras. Esta frase habla precisamente de activarnos y de hacer algo positivo; y fue entonces, cuando comencé a escribir este libro, el cual después lo fui cambiando y cambiando a medida que el Espíritu Santo llegó a mi vida, y empezó a guiarme.

Sinceramente, lo que más busco con este libro, es honrar al Padre, al Hijo y al Espíritu Santo; y quisiera reflejar también, lo que enfrenté en casos que fueron retos y a la vez aprendizajes, en los cuales apliqué conceptos y herramientas que he aprendido en el trascurrir del tiempo, esperando que estas experiencias puedan ayudar a muchas otras personas a activarse, y puedan realizar cambios positivos para mejorar sus vidas; y así, también puedan impactar positivamente en los demás.

Mi objetivo es darles ideas para su activación y crecimiento humano; y estas ideas, puedan ayudarles a saber qué hacer si se sienten "paralizados". La activación a la que me refiero está dirigida al despertar de algún posible estado de incertidumbre, en el que sin darnos cuenta en muchos casos hemos caído, a consecuencia quizás de los elementos que típicamente nos ciegan, tales como son: la rutina, el conformismo, la espera, la baja estima, el miedo, los malos consejos, el desconocimiento, la desinformación, la falta de fe, entre otros.

También quisiera que este aprendizaje lo convierta a usted, en un agente multiplicador del consejo positivo hacia otras personas, de cómo este libro les ayudó, y así, los animen a leerlo.

Pero, sobre todo, mi anhelo es que usted se convierta en un(a) seguidor(a) de Cristo, quien es el mejor amigo y consejero que pueda tener en la vida. Él

realmente le hablará con la verdad y le conducirá por el único camino correcto
que garantiza una vida plena. Le mostrará, además, como llenarse de fe, de
esperanza y de amor.

"Tres cosas durarán para siempre: la fe, la esperanza y el amor;
y la mayor de las tres es el amor." (1 Corintios 13:13) NTV

INDICE

PRÓLOGO

En la vida de cada ser humano llega un momento en que aquello que daba por sentado, lo que ofrecía seguridad, falla, y es entonces cuando aparece una encrucijada. Es en esa encrucijada donde muchos quedan completamente paralizados, ya sea por temor, indecisiones o falta de voluntad para seguir adelante.

Pero es justamente en esa encrucijada donde el ser humano puede llegar a entender con una claridad inusitada, que el pasado quedó atrás y que para seguir adelante es necesario renacer.

En este libro, Mario Bowen, nos relata desde su propia experiencia de vida, como ese momento de parálisis se convirtió en un momento de completa lucidez al tener un encuentro personal con Dios, por medio de su Hijo Jesucristo.

Te invito a que encuentres en estas páginas, las respuestas que necesitas, acompañando al autor en sus experiencias y su encuentro con principios de vida contenidos en la Biblia.

No pierdas la oportunidad de aprender a añadir a tú vida, aquel punto de estabilidad que cada ser humano necesita.

Espero que puedas disfrutar la lectura de este magnífico libro, y que sea el canal para un antes y un después de tu vida.

Ps. Juan Manuel Aguiar

INTRODUCCIÓN

La motivación especial que me llevó a realizar con mucho entusiasmo este libro, es lo que he sentido en mi corazón desde hace mucho tiempo, cuando empecé realmente a entender **EL PODER QUE TIENEN LAS RELACIONES** para nuestras vidas, y la influencia que podemos ejercer positiva o negativamente hacia otras personas, cuando nuestra voluntad se mueve guiada por el propósito de ayudar a otros, a través de tus propias experiencias.

El reflejo de lo que significa en forma natural las relaciones, está en lo que sucede con **LOS MATRIMONIOS**, también cuando dos personas se enamoran y se juntan para vivir en lo que han denominado "Concubinato"; pero, históricamente fue el matrimonio el primer encuentro relacional entre dos personas y bendecido por Dios en el Edén, y así ha perdurado en el tiempo, cuando Dios da la bendición a una relación y esta se formaliza sujetándose a las leyes civiles que el hombre a creado en cada nación. Y lo seguirá siendo hasta que la raza humana exista como tal.

Quiero compartirles la estadística siguiente: (*cito textualmente lo que este Artículo dice*)

ripleybelieves

PRINCIPAL DATOS MUNDO

Los países con mayores tasas de divorcio en el mundo

Rango	País	Tasa de divorcio (por cada mil personas), 2010
1	Rusia	5.00
2	Belarús	3.80
3	Ucrania	3.60
4	Moldavia	3.50
5	Islas Caimán	3.40
6	Estados Unidos	3.40
7	Bermudas	3.30
8	Cuba	3.20
9	Lituania	3.10

Medidas para mejorar las tasas de divorcio más altas

*Los proyectos en los países occidentales, especialmente Europa y las naciones de América están trabajando con las parejas para arreglar sus matrimonios. **<u>El signo principal de divorcio observado es el estrés laboral</u>**, las tensiones financieras, la infidelidad, los horarios de trabajo irregulares, etc. Sin embargo, los oficiales de la ley en varios países están trabajando para capacitar a las parejas en habilidades matrimoniales brindándoles educación matrimonial. El gobierno también está ejecutando muchos programas para disminuir las tasas de divorcio que hacen posible que las parejas se comuniquen de manera saludable, resuelvan conflictos mutuamente, mejoren el matrimonio, brinden educación matrimonial a las parejas comprometidas y muchos de estos programas están haciendo el camino para reducir la las tasas de divorcio en estos países.”*

Esta otra estadística más actualizada en 2018, (cito textualmente lo que este otro Articulo dice):

“Portugal, nuestro vecino de la Península Ibérica, <u>registra el más alto índice de divorcios de Europa.</u> En concreto, se divorcian 70 parejas por cada 100 uniones matrimoniales. En segundo lugar, está Dinamarca con un 68,5% y en tercero Luxemburgo con un 67,5%. La República Checa ocupa la cuarta posición con un 64,1%. En España, el porcentaje es del 61,8% Hoy en día en España el divorcio es un trámite fácil y rápido. Se legalizó en 2005 la versión exprés con una reducción de los plazos y de los costes.”

Este es otro artículo:

Día Internacional de la Familia: así van los divorcios en América Latina

Sputnik Mundo 12 de Octubre 2019

"México

En 2018, un reporte del INEGI reveló que entre las principales causas de divorcio están el abandono del hogar, la violencia intrafamiliar, el adulterio o la infidelidad, aunque la causa más común es el consentimiento mutuo. Sólo en el 2016 hubo 58.032 divorcios por mutuo acuerdo.

Sin embargo, ese mismo año, 1.799 parejas se separaron debido a que uno de los integrantes de la familia abandonó el hogar sin motivo o justificación aparente en un periodo de seis a tres meses, registraron en INEGI.

Brasil

Los brasileños también han tenido dificultad en las uniones conyugales en los últimos tiempos. En 2018, el Instituto Brasileño de Geografía y Estadística (IBGE) reportó que cada tres matrimonios, uno termina en separación.

Argentina

En 2017, que es el último balance disponible hasta el momento, 8.217 parejas se disolvieron. El incremento fue más notorio en matrimonios de 20 años o más: una franja donde la ruptura matrimonial aumentó casi un 70%."

Fin de las citas

Como verán las cifras son alarmantes, y los muchos especialistas piensan que estas cifras aumentarán en los próximos años, debido a que ningún país toma en serio a la familia como la principal célula social, sino que más bien facilitan las rupturas con leyes y decretos.

A mi manera de ver las cosas, si no somos capaces de mantener una relación básica entre dos, ¿cómo pretendemos mantener sociedades?, cómo pretende una nación lograr mantener sus esfuerzos institucionales, si el corazón de sus miembros no tiene la orientación correcta que permite mantener las relaciones entre ellos.

Pongámonos a pensar, en las generaciones de relevo, ¿quién las orienta con este tema?, si todo el Estado, ósea los principales modelos que dirigen esa nación, tienen generalmente también hogares disfuncionales.

Recuerdo que antes en mi país, había una ley en la cual decía que el que quería ser presidente de la nación, tenía que estar casado y se suponía que debería ser un ejemplo de la estabilidad relacional en su hogar, de la buena crianza de sus hijos, etc. Se supone que un presidente, debe ser un ejemplo y un buen modelo a seguir. ¿Saben cuántos presidentes últimamente hemos tenido, que sus hogares no cumplen con este ejemplo, ni con las leyes?

Díganme si le sumamos lo que Dios estableció, que significan las relaciones, creo que ninguno "pasarías ese filtro".

Yo no pretendo arreglar con este libro la situación matrimonial del mundo ni mucho menos, pero si quiero aportar, para quienes tengan a bien leerlo, un grano de arena que les pueda ayudar primeramente en su condición personal, porque sino trabaja en usted mismo, no podrá sostener relaciones sanas con otras personas. "Nadie puede dar de lo que no tiene".

Para mí, el asunto clave es regresar a la esencia del individuo como objetivo principal, ayudarlo, y así luego poder pretender revisar que las relaciones que esta persona quiera emprender, puedan no sólo sostenerse, sino que puedan tener la base necesarias de principios y valores, para que no se terminen destruyendo unos a otros.

CAPÍTULO 1

EL MODELO T.A.P.
(*Triángulo de la Actuación Personal*).

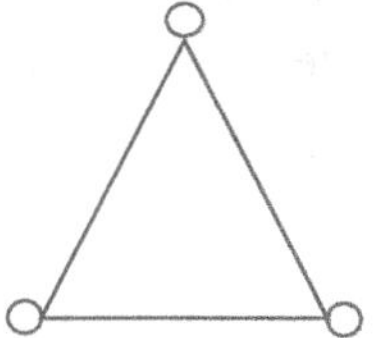

¿QUÉ ES DE TU VIDA?

Un amigo, a quien tenía muchos años sin saber de él, respondió mis saludos por medio de un mensaje de texto, y al final de su respuesta me hizo la siguiente pregunta: ¿Qué es de tu vida?.

Reflexioné, y luego de pensarlo bien, le respondí lo siguiente:

"¿Qué es de mi vida?, Gracias a Dios es una vida hermosa, muy valorada y llena de muchísimos retos y emocionantes planes que cada día se renuevan.

Te cuento que, he aprendido que mi vida se trata de servirle y serle útil a otras personas que necesiten de mi apoyo, y en lo que esté a mi alcance poder hacer por ellas, lo hago. Me concentro en eso, y en hacer mi trabajo lo mejor posible.

Te respondo esto tan positivo, gracias a que he logrado cambiar el cómo veía la vida anteriormente, ya que tenía mucha dificultad de entenderla, y eso me "paralizaba" al momento de tomar decisiones, y no lograba saber que hacer.

Pero te confieso que he logrado superar todo eso, gracias a la ayuda de un gran amigo que encontré; él se llama Jesús, y desde el día que aprendí a conocerlo, venimos reforzando esta gran amistad que de verdad creo, vale la pena sostener.

Mi amigo Jesús, es una persona muy sabia, incluso tengo la certeza de que supera las mentes más brillantes que he conocido; fíjate que le consulto prácticamente todo lo que necesito hacer, y siempre tiene una respuesta inteligente que me conviene escuchar y seguir.

Es más, cuando tomo en cuenta sus consejos, me va bien; el rollo es, que a pesar de que vengo cada vez más creyendo en lo que me dice, a veces se me ocurre hacer otras cosas diferentes a sus consejos, y acontece, que los resultados no son buenos.

Yo quisiera que tú lo conocieras, él me ha dicho que siempre tiene tiempo para hacer amistad con quien quiera conocerlo, porque le apasiona la gente. Eso sí, que, aunque te empeñes en verlo y como es muy activo, quizás solo te pueda responder a través de lo que él escribe.

Jesús, ha dado tantos buenos consejos, que prefirió hacer un libro para que la gente que tenga dudas, pueda buscar allí muchas respuestas a las preguntas que le surjan. Su libro se llama: La Biblia.

Finalmente te digo, que cuando quieras te presento a Jesús, mi amigo, y ojalá puedas pronto conocerle. Pero tú me avisas ok,

A propósito, ahora yo te hago la misma pregunta:
¿QUÉ ES DE TU VIDA?"

¿POR QUÉ UN MODELO?

En la vida, a todos los seres vivos se nos revela un modelo a seguir, prácticamente desde que empezamos a crecer y luego por el resto de nuestros días estamos siguiendo un modelo de vida y comportamiento; a veces sin darnos cuenta.

En específico, para los seres humanos siempre han sido nuestros padres el primer modelo, también están nuestros hermanos, o los abuelos, o cualquier otro integrante del resto de nuestros familiares. Típicamente esos son los primeros modelos clásicos que siguen las personas.

Luego con el tiempo, al crecer e ir integrándonos en otros círculos sociales o comunidades, vienen los cambios a modelos que van influenciándonos, y entonces tendemos a seguir, por ejemplo: a nuestros amigos, a nuestros maestros, entre otros.

Incluso para muchos, el modelo pudiera ser una persona totalmente ajena a su círculo de acción cercano, y no importando donde este, ni siquiera en el tiempo en el cual haya vivido, sino tan solo por haberle conocido a través de una lectura, o el haber visto una de sus películas, o haber escuchado una de sus canciones, o visto sus pinturas, también se puede convertir en un modelo a seguir como referencia e influencia.

Lo que algunos quizás no han entendido, hasta el momento, es que de todas las referencias que han existido, de todos los modelos que la gente haya preferido seguir o copiar durante toda la historia, por una u otra razón, <u>para mí</u>, **el mejor modelo a seguir es Jesucristo.**

Llegar a esta reflexión, y tomarla como la única verdad, te trasforma la vida, y te convierte en un mejor hombre o una mejor mujer; y además, te potencia para ser un mejor ejemplo en tu familia y a tu generación, por lo tanto podrás ser: un mejor padre o madre, un mejor amigo(a), un mejor esposo(a), un mejor trabajador(a), un mejor hijo(a), en conclusión, seguir el modelo que Jesucristo nos muestra, te llevará a buscar ser mejor persona en todo lo que hagas y vivas, por lo tanto el modelo de Cristo, nos saca de la parálisis, nos lleva a la activación y nos muestra la excelencia.

Cristo representa la plenitud, esto quiere decir que él es pleno, en él todo es perfecto y todo está completo.

"Porque de su plenitud tomamos todos,
y gracia sobre gracia."
(San juan 1: 16) R-V 1960

Esta VERDAD tiene miles de años, y muchas personas no han creído en ella, ya sea por falta de entendimiento, o por desconocimiento de sus implicaciones, o porque las influencias de su entorno le impulsan a menospreciarla.

Pero está escrito, que hay esperanza cuando ponemos nuestra fe en Cristo Jesús, y por ello cada vez más, muchas otras personas van redescubriendo y aceptando esta verdad. Jesús vino al mundo también para enseñarnos cómo hacer para alcanzar el reino de los cielos y así la vida eterna. Ninguna otra persona puede darnos tal ejemplo, con tal alto contenido de importancia y entrega para cualquiera de nosotros.

Todas los demás "modelos" que hemos visto en la vida, podrán darnos ratos de: entretenimiento, o satisfacciones momentáneas, pero nunca nos podrán ofrecer una vida eterna con Dios, como sólo lo hace Jesucristo.

Muchas personas incluso, se le va la vida tratando de imitar a otra(s) persona(s) a la(s) que siguen, sin entender que viven una mentira, siguen a un prototipo equivocado, pues nuestra mirada tiene que estar puesta en Jesús.

"1 Por lo tanto, ya que estamos rodeados por una enorme multitud de testigos
de la vida de fe, quitémonos todo peso que nos impida correr,

Pero el mundo te ofrece una realidad disfrazada, totalmente equivocada y alejada de la VERDAD de Dios. Es por eso que caemos en pecado con tanta facilidad, hasta perder nuestra verdadera identidad.

En la creencia de quien es Jesús como modelo, lo primero que se nos revela y que debe darnos una satisfacción plena, es conocer de su gran misión cumplida. Cristo en su inmenso amor por nosotros, y siendo inspiración de su Padre, utilizó al Espíritu Santo para hacer que muchos hombres escribieran el relato de su testimonio aquí en la tierra (La Biblia).

Todo su ministerio es un modelo a seguir, su legado escrito nos aconseja en todo momento sobre las consecuencias que implican, tanto seguir su camino, como también las consecuencias a quienes deciden no seguirlo.

Una de las revelaciones que encontramos en las Sagradas Escrituras, es la entrega total de Jesús para SALVARNOS.

Estimado lector(a), permítame hacerle una pregunta: ¿Qué otro modelo de persona le da tanto y sin pedirle nada a cambio?. Les quiero ahorra tiempo, no hay, ni habrá, nadie que quiera darnos tanto como Jesucristo nuestro Salvador nos ha dado.

La Salvación de nuestras almas es el mejor y más preciado REGALO que alguien pueda darnos, y solo Él, como componente de un Todo Poderoso Dios, fue capaz de hacerlo posible.

En la vida de Jesús hay toda una enseñanza, en la cual él nos va indicando el camino a seguir para alcanzar el reino de los cielos y vivir eternamente alabando y adorando al Padre y dándole todo honor y toda gloria por lo que ha hecho por nosotros.

Cuando no conocemos a Jesús, ni recibimos a Cristo en nuestro corazón, la mentira en la que estamos creyendo es sencillamente que la vida no tiene sentido.

Además, creemos que esta vida termina el día que morimos, y de allí en adelante todo se acabó. Y esto es una total mentira que el mundo del mal se ha encargado de sembrar en la mente y los corazones que no tienen esperanza y que viven paralizados.

Pero la verdad que está escrita por quien nos creó, es que su diseño original contemplaba que viviéramos felices para siempre, pero por la desobediencia del hombre y la mujer, todo cambio, y el pecado entró en nosotros. Ese pecado nos aleja de Dios pues en Él no hay pecado, y dónde Él habita todo es pureza. Precisamente Jesucristo se sacrificó para cerrar ese pacto del mal y liberarnos de la esclavitud del pecado, y así darnos la oportunidad de reestablecer nuestro camino a una vida eterna en felicidad con El Padre.

Así que la esperanza está cifrada en lo espiritual y no en lo terrenal, no en lo material, sino en la verdad de que todo le pertenece a Dios, incluyéndonos.

Aquí entra en juego nuestro orgullo y nuestra fe, ¿en qué creemos?

Quisiera aprovechar estas próximas líneas, para obsequiarle a usted, los pasos a seguir para que logre la Salvación de su Alma. Le aseguro qué si los sigue, con la convicción en su corazón correcta, colocando toda su fe en que así será, usted logrará salir de cualquier situación en la que se sienta PARALIZADO(A), y conseguirá un gran consuelo que lo(a) llevará a un estado de tranquilidad y de paz indescriptible, que sólo El Padre puede darnos.

Así que siga esta secuencia, que yo encontré en el Modelo de Jesús:

Primero: debe reconocer a Dios Padre como el creador de su vida.:

> *"Entonces dijo Dios: Hagamos al hombre*
> *a nuestra imagen, conforme a nuestras semejanzas;*
> *y señoree en los peces del mar, en las aves de los cielos,*
> *en las bestias, en toda la tierra,*
> *y en todo animal que se arrastra sobre la tierra.*
> *Y creó Dios al hombre a su imagen,*
> *a imagen de Dios lo creó; varón y hembra los creó."*
> *(Génesis 1: 26-27) R-V 1960*

Fíjese que nos hizo con un nivel superior entre todas las cosas y criaturas de su creación, y además nos dio una identidad divina de semejanza a Él, por el amor que nos tiene; así, que ello es suficiente motivo para entender el por qué nos busca, y la respuesta es: para regresarnos al camino de su protección, como sus hijos amados, y darnos la herencia que nos corresponde.

<u>**Segundo:**</u> debemos arrepentimiento de todos nuestros pecados para poder acercarnos al Reino de los Cielos, ya que este es un ambiente totalmente Puro y Limpio. Allí habita la deidad de Dios:

"y diciendo: Arrepentíos, porque el reino de los cielos se ha acercado."
(San Mateo 3:2) R-V 1960

Por cierto, que este fue el anuncio incesante de Juan el Bautista para señalar la llegada de Jesús y el cumplimiento de las Profecías.

<u>**Tercero:**</u> en nuestra oración debemos aceptar a Cristo Jesús en nuestro corazón, como nuestro Salvador, y pedirle que nuestro nombre sea escrito en el libro de la vida y entonces, Dios Padre sellará esta alianza con su Espíritu Santo, a quien nos enviará para que habite en nuestro corazón, a fin de que podamos entender su propósito y así podamos ser llamados por su gracia, hijos de Dios.

Es por ello que entendemos que Jesús nos dejó un modelo a seguir y está todo desarrollado en la Biblia, que es su Palabra, su legado maravilloso.

Posteriormente a esta declaración, Jesús nos enseña a seguir sus pasos y demostrar nuestra obediencia, y sellar nuestra fe con el acto del bautizo en agua, como reflejo simbólico de dejar la vieja vida llena de pecados en el fondo del agua, muriendo a esa vieja forma de vivir, y salir a la superficie a una nueva vida en Cristo, totalmente limpios de pecados y fallas, y así creerlo por la gracia de Dios Padre.

"y eran bautizados por él en el Jordán, confesando sus pecados".
(San Mateo 3:6) R-V 1960

¿POR QUÉ USO UN TRIÁNGULO EN EL DESARROLLO DEL MODELO?.

Quisiera aclarar que el triángulo que yo utilizo, es un triángulo "equilátero", lo cual indica que todos sus lados son iguales; ósea, todos los lados miden lo mismo, tienen la misma importancia desde el punto de vista de sus partes, de sus componentes, siendo el Triángulo como "un sólo cuerpo", un sólo elemento.

Este tipo de triángulo es muy utilizado en el área profesional y de estudios generales, para mostrar las diferentes teorías y desarrollos de estrategias que han llevado a muchos especialistas y personalidades a explicar sus ideas; así como, también es muy usado en áreas del desarrollo humano para explicar necesidades, escalas y composiciones. Recordemos la famosa "Pirámide de Maslow".

A mí me vino a la mente esta figura, cuando pensé en las tres divinas personas: Padre, Hijo y Espíritu Santo, y en el equilibrio que hay entre ellas. Más cuando en la profundidad de la Palabra he encontrado tres elementos que intervienen en muchas descripciones espirituales que Dios desarrolla para explicar su maravillosa Deidad; así, entendí que ese número tres (3) y esta figura triangular (equilátero), para el propósito de nuestro Señor tiene sentido, y el mismo sentido quiero darle para el objetivo de este modelo desarrollado en este libro.

Por ejemplo: Tres son los componentes que nos definen como seres humanos, ya que estamos compuestos de: espíritu, alma y cuerpo.

> *"Y el mismo Dios de paz os santifique por completo;*
> *y todo vuestro ser, espíritu, alma y cuerpo,*
> *sea guardado irreprensible para la venida*
> *de nuestro Señor Jesucristo."*
> *(1 Tesalonicenses 5:23) R-V 1960*

También, entendí que es una de las mejores formas de representar a todo *un sistema en equilibrio.* Por ejemplo: se puede representar el sistema de la vida misma, que busca incesantemente lograr el tan anhelado equilibrio, la llamada igualdad y justicia, que son muy controversiales, por cierto, y muy distintos en sus conceptos y propósitos.

Pero mejor les invito a que consigan más respuestas al ver el uso de esta figura en la aplicación del modelo que en este libro describo, con la intensión de compartir con ustedes el cómo a mí me ha funcionado, y esperando que a ustedes también les ayude igualmente, en su crecimiento personal.

LA ACTUACIÓN PERSONAL

En el aspecto *PERSONAL*, están las raíces de todo, incluso de lo que después se traducirá en nuestras capacidades para relacionarnos. Lo que hagamos genera acción y la acción se convierte en trabajo; en donde estemos o vayamos siempre estará presente la interacción con otras personas, incluso en nuestro comportamiento en el trabajo profesional u oficios; reflejamos lo que pensamos, lo que decimos y finalmente lo que hacemos, y esto será el verdadero actuar que definirá nuestro testimonio de vida ate Dios y ante los demás.

Por cierto, que el aspecto profesional lo desarrollaré con detalle, en otro libro que será dedicado a tal fin, y que espero ustedes también puedan leerlo.

NUESTRO ACTUAR ANTE LOS DEMÁS:

Por ahora quiero contarles que, la vida y el trabajo son inseparables, al igual que nuestro actuar significa vida, nuestro actuar también significa la generación de trabajo. Vivimos para producir resultados, y esos resultados son consecuencias de lo que hacemos, y lo que hacemos se llama trabajo.

El Trabajo, en su concepto universal está definido como: "todo tipo de acción realizada por el hombre o la mujer, independientemente de sus características o circunstancias"; esto significa, que toda actividad humana se puede reconocer como trabajo.

Entre las múltiples actividades de las que el hombre es capaz de hacer, y las que esté predispuesto hacer por la naturaleza misma de su humanidad, están las profesiones u oficios, y por ejemplo: el ser padre o madre, el criar hijos, el formar familia, también son trabajos que producen resultados.

Los Resultados son Frutos de nuestro Trabajo; hagamos lo que hagamos, produciremos frutos, y, esos frutos se clasifican en: malos o buenos, ósea que los resultados o son los deseados o no lo son. Estos frutos a su vez, definen nuestro actuar y sus consecuencias, pues todo actuar trae consecuencias. Las consecuencias son evaluadas y también tendrán recompensas, habrá siempre un pago por los resultados de nuestro actuar.

La pregunta clave aquí es: ¿quién te dará el pago más preciado por los resultados de tu trabajo?. Te digo lo siguiente: no creas que el dinero es el pago más preciado, no lo es, el dinero es un pago inventado por el hombre para estimular la producción de resultados en un trabajo acordado.

El dinero se requiere para cubrir necesidades y lujos, pero, la mejor y más preciada recompensa por lo que hayamos hecho aquí en la tierra, la dará nuestro mismo Creador.

Nuestro Creador siempre nos advierte que vinimos a este mundo, a trabajar para producir frutos (resultados) y que siempre estamos siendo vistos y evaluados a fin de ser recompensados por ello, pues, nos creó originalmente para amarnos, y de inmediato, la primera asignación que le dio al primer hombre fue "trabajar".

Le asigno el trabajo a Adán de ponerle nombre a cada una de las especies creada por Dios, luego, le indicó que le entregaba un huerto, el cual debería trabajarlo para poder comer dé sus frutos; y de allí en adelante, en su Palabra (la Biblia) nos indica la dignidad que Dios encuentra en el que trabaja en lo bueno, más nos dice claramente que el que no quiere trabajar por flojera, no producirá por supuesto ningún tipo de fruto bueno, y el que no produce frutos no obtiene recompensa.

¿Adónde quiero llegar con todo este planteamiento?, quiero llegar a la reflexión del porque fuimos creados y para qué; pero sobre todo quiero llevarlos al desarrollo del tema principal de este libro, en cuanto a cuáles son los efectos que hacen que nos paralicemos en circunstancias de la vida, y dejar por sentado que estas circunstancias aparecen, cuando establecemos relaciones con otras personas.

Quiero además compartirles mi experiencia particular, de haber visto, analizado y concluido que, donde más se presentan las dificultades, es en la relación de una pareja, y que las dificultades crecen cuando tanto el hombre como la mujer se ven en la necesidad de trabajarle a otras personas, fuera del hogar; y si ese trabajo los enamora, los cautiva, lo absorbe, entonces generalmente trae como consecuencia un cambio de prioridades que desequilibran la relación y el hogar.

Muchas personas creen, que pueden separar su realidad personal de su desempeño profesional (en el trabajo a otros), parece que se les olvida que a Dios nada ni nadie puede engañarlo, y que todo lo que hacemos, pensamos y decimos, así sea en público o a solas, Él igualmente lo ve; y además, se está registrando en el libro de los Hechos, el único libro que dice la Biblia que se sigue escribiendo con el desarrollo de nuestras vidas.

¿Por qué nuestras vidas se están escribiendo?, Porque un día, nuestros hechos servirán de evidencia a nuestro favor o en nuestra contra, y los que NO han creído en Dios, ni en Cristo, ni en el Espíritu Santo, irán a un juicio; en el cual tendrán a un abogado acusador, a un abogado defensor y a un juez, y además estarán presentes muchos testigos.

Pero también la Biblia nos indica, que aquellos que, Si hemos creído en la deidad de Dios, y seguimos sus designios, no tendremos juicio, sino que estaremos en la presencia de Cristo, para recibir recompensas.

Así que nuestro actuar tiene que ser genuino, pues siempre seremos la misma persona, estemos entre amigos, o estemos en familia, o estemos en el trabajo. Aquellos especialistas del engaño, podrán quizás tener cierto éxito entre las personas que no le conocen bien, pero a Dios nunca lo podrán engañar.

> *"Pues Dios observa cómo vive la gente; ve todo lo que ellos hacen."*
> *(Job 34:21) NTV*

Tarde o temprano todo saldrá a la luz, y entonces se verán los resultados; allí, podemos ver, por ejemplo: a aquel o aquella que quiso dar una imagen de excelente jefe o gerente en su lugar de trabajo, más en su matrimonio fracasó, o en la relación con sus hijos, o su hogar es un desastre, etc.

> *"Pues todo lo secreto tarde o temprano se descubrirá, y todo lo oculto saldrá a la luz y se dará a conocer a todos."*

Quizás su hogar es un hogar disfuncional, debido a que su entrega al trabajo a otras personas, fue la prioridad en su vida, o debido a su problema de carácter dominante y orgullo, en fin, a la posibilidad de varias razones; sin embargo, esa persona arrogante, generalmente se vende ante los demás como un excelente profesional y persona, pero en realidad se le olvida que como todos, está lleno(a) de defectos que no quiere reconocer por no pasar pena.

Esta persona ha perdido sencillamente su humildad y capacidad de reconocer sus propias debilidades; vive tratando de disfrazar su realidad, y esto empeora cada vez más su vida, hasta llegar a paralizarlo(a), y entonces vienen las consecuencias negativas, como lo son: frustraciones, desilusiones, desencantos, pensamientos de muerte, suicidio, celos contiendas, etc.

En las relaciones entre dos personas, se da una de las cuatro (4) combinaciones siguientes:

> 1) La relación en la que uno es la víctima y el otro es el victimario (el ogro).
> 2) La relación en la cual ambos son victimarios (ogros).
> 3) La relación en los que ambos son víctimas.
> 4) La relación en los que ambos son capaces de ceder, y sabiamente pueden sostenerla.

Si usted tiene una relación con alguien, ¿qué tipo de combinación ha logrado?

Quiero ahora ir al desarrollo específico de los roles que, tanto para el hombre como para la mujer, tiene asignado nuestro creador; a fin de, que, justamente se pueda lograr el equilibrio necesario para que exista la armonía en el hogar.

Esto indica que el Padre quiere que aprendamos a trabajar en la combinación dónde ambos sean capaces de ceder, y sabiamente puedan llevar una relación sana.

¿Qué significa ceder?; Significa morir al orgullo, saber escuchar a la otra persona, comprender que tiene igualmente necesidades y deseos, complacerla, y entonces dejar que surja el verdadero amor por esa otra persona.

Esto sucede en las parejas, y también en las relaciones con el resto de los familiares, con amigos, y en el trabajo. Lo que pasa es que lógicamente el desarrollo de los sentimientos y el tipo de amor son distintos para cada caso.

La Psicología describe seis (6) tipos de amor: 1) El amor romántico y pasional (Eros), 2) El amor lúdico (Ludus), 3) El amor amistoso y leal (Storge), 4) El amor maniático (Mania=Eros + Ludus), 5) El amor pragmático (Pragma=Ludos + Storge) y 6) El amor desinteresado (Ágape).

Los Griegos se inclinan a describe cuatro (4) tipos de amor: 1) El amor intenso, carnal, efímero, romántico y pasional (Eros), 2) El amor fraternal, comprensivo, duradero, amistoso y leal (Storge), 3) El amor solidario, donde existe la hermandad y el amor al prójimo (Philia) y 4) El amor devocional y desinteresado (Ágape).

Nosotros los que creemos en la Biblia como la Palabra de Dios, hemos identificado estos 4 tipos de amor que los griegos enfatizan en sus escritos. Y encontramos entre los versículos esta descripción y así muchas veces la enseñamos.

Quiero enfatizar, que los problemas se presentan cuando se establecen relaciones desequilibradas, y quiero ejemplificar, como estas razones están generalmente fundamentadas en la desobediencia a los consejos que nuestro creador nos da por escrito, en el manual que Él dejo para guiarnos.

Cuando el sistema desequilibrado del mundo, entra a nuestra vida, ejerce presión para que todo el orden en las PRIORIDADES cambie.

LA MUJER COMO EDIFICADORA DEL HOGAR:

Esto de las prioridades es bien complicado de explicar y entender para la mayoría de las personas; y esa difícil priorización, o colocar primero lo primero, se hace más complicada, debido al desconocimiento del manual para nuestras vidas.

En una época, comencé a notar que tuve muchas compañeras de trabajo que incluso, algunas de ellas, llegaron a ser mis supervisoras porque sus desempeños fueron reconocidos; también vi, como delegaban en ellas grandes proyectos y obligaciones que las absorbían casi que por completo. Me di cuenta que tenían todas en común lo siguiente: o estaban divorciadas, o eran solteras.

Cuando yo indagaba sobre ¿por qué sucedía esto?, las respuestas me indicaban que la causa principal de su fracaso matrimonial, o en su relación de pareja (noviazgo), tenía que ver con la entrega total a su trabajo; pues, este las absorbía de tal manera, que pasó a ser la primera prioridad en sus vidas.

Esto de "la entrega total al trabajo de otras personas", a los esposos o parejas, no les parecía lógico, pues, ellos alegaban sentir el abandono de las responsabilidades y prioridades que un hogar demanda de la mujer; ya sea para con su marido, y así aún más, si tenían hijo(s) o hija(s). Alegaban también que a los hijos los terminaban atendiendo o cuidando personas ajenas a la familia: tales como empleadas domésticas, institutrices, o los abuelos u otros familiares o amigos que colaboraban en esa causa.

El asunto aquí, según mi testimonio, era que nunca se entendió que la formación de los hijos, es una tarea que no se debería delegar a nadie, sino que es una responsabilidad directa tanto del papá, como de la mamá.

Luego en mi experiencia de más de 30 años en el mundo educativo, puedo ratificar que se termina delegando esta formación, a las escuelas, y desde edades tempranas cuando se llevan a los niños a las guarderías o los centros de educación inicial o maternal, son entonces las maestras las que terminan formando, además de educando.

Pero en esta sociedad "moderna", que impone una dinámica obliga en la que la madre tiene que buscar ingresos, y tiene igualmente derecho a realizarse como trabajadora, hace que la mujer olvide que Dios la diseño especialmente para Edificar Primero su Hogar, y si recibe regalos del cielo que son los hijos, ya es un suficiente e importante trabajo a desempeñar, y por el cual tanto ella como el padre, tendrán que rendir cuenta ante Dios sobre lo que hicieron con ese(os) regalos. Es evidencia, por ejemplo: cuanto realmente sembraron en ellos, como los ayudaron en su atención y crecimiento, cuanto de los principios del reino pudieron enseñarles para que siguieran el camino correcto que se describe en la Palabra, cuanto amor le(s) dieron.

Pero resulta que muy poco se enseña de estas asignaciones que Dios nos ha dado a toda su creación, en especial a las personas. Y la influencia del mal es tal, que ha logrado más bien sacar de muchos lugares y hogares, el uso y enseñanza de la Palabra; incluso, el mal ha logrado sembrar su propósito a tal punto, que ahora en muchas naciones está prohibido el uso de la Biblia, y han logrado llamar a lo bueno, malo, y a lo malo, bueno.

Pero qué consecuencias le vendrán a los que siguen este propósito maligno de cambiar lo bueno por lo malo, veamos el siguiente versículo:

> *"¡Qué aflicción para los que dicen*
> *que lo malo es bueno y lo bueno malo,*
> *que la oscuridad es luz y la luz es oscuridad,*
> *que lo amargo es dulce y lo dulce es amargo!."*
> *(Isaías 5:20) NTV*

Por su puesto que no hablo que sea malo que una mujer casada y/o con hijos trabaje, para nada es malo; sino que estoy hablando de mi experiencia particular, cuando he visto el "abandono" del rol que Dios dio a la mujer, y al hombre, y he visto las dificultades que en los hijos esto ocasiona.

En la práctica, cuando nacen los hijos, nuestro creador presenta una prioridad nueva que a muchos no le parece tan prioridad, y se olvidan que por lo menos debería haber un período mínimo de tiempo de dedicación a la crianza, hasta que ellos tengan principios y valores correctos transmitidos por la mujer, que tiene ese rol principal dado por su creador, el cual dice que ella debe edificar su hogar. No lo digo yo, lo dice nuestro Dios, quien És Sabio, y si Él lo dice, yo lo creo.

También sé cuáles son las responsabilidades que Dios le ha asignado al hombre, y sé que también tiene la responsabilidad de enseñar en el hogar los principios del reino, como sacerdote.

La razón de "desprenderse" de su(s) hijo(s) o hija(s), para dedicarle mucho más tiempo al trabajo de otras personas fuera del hogar, está hoy en día muy justificada sobre un engaño social (llamando a lo bueno malo y a lo malo bueno,) y su base es los trastornos sociales que han cambiado la forma y el propósito original, y las prioridades asignadas al primer ministerio que Él creo, la familia, ya no es la prioridad para esta sociedad.

La Palabra de Dios dice:

> *"Por tanto, dejará el hombre a su padre y a su madre,*
> *y se unirá a su mujer, y serán una sola carne."*
> *(Génesis 2:24) R-V 1960*

> *"Instruye al niño en su camino,*
> *Y aun cuando fuere viejo no se apartará de él."*
> *(Proverbios 22:6) R-V 1960*

> *"Más bien demostramos ser benignos entre vosotros, como una madre que*
> *cría con ternura a sus propios hijos."*
> *(1 Tesalonicenses 2:7)LBLA*

> *"Oye, hijo mío, la instrucción de tu padre,*
> *y no abandones la enseñanza de tu madre;"*
> *(Proverbios 1:8) LBLA*

> *"Porque tengo presente la fe sincera que hay en ti,*
> *la cual habitó primero en tu abuela Loida y*
> *en tu madre Eunice, y estoy seguro que en ti también." (2 Timoteo 1:5) LBLA*

Todos estos versículos, y otros que no cito en estos momentos pero que existen en la Biblia, buscan ayudarnos a entender cuáles son nuestras prioridades y responsabilidades como padres e hijos, y que tienen que ver de una manera u otra con instrucciones y enseñanzas que Dios nos ha dado, y que nos delega cuando tenemos familia.

Desde hace más de dos mil años, esto está escrito en el manual de nuestras vidas (la Biblia), y su propósito es guiarnos como individuos y podamos así conocer cuál es el rol de cada uno al momento de tomar la decisión de unirse en matrimonio.

Luego, como padres, una vez que recibimos ese regalo del cielo que son los hijos, la mayoría de las parejas se encuentran en un "limbo" informativo y de formación, ya que nunca leyeron la Biblia, como un manual de instrucciones; así que, todo se trastorna y el camino se equivoca, como consecuencia del desconocimiento de la guía correcta.

Estos ejemplos que cito, son parte de mi testimonio con respecto al rol de la mujer entre trabajo y el hogar, no quiero decir que sea un prototipo o un modelo que les ocurrirá a todos los hogares en los cuales las mujeres decidan ser profesionales y/o trabajar en otros oficios a tiempo completo, realmente no sabría estadísticamente si es así, seguramente algunas familias llegarán a un buen acuerdo buscando algún "equilibrio" para que su hogar no se fragmente o se quiebre; pero, por lo menos en un alto porcentaje de los casos que yo conozco, me atrevería a decir que en un 60%, el causal principal de los conflictos suceden cuando la mujer tiene que trabajar; y esto, lleva a que las familias terminen siendo disfuncionales y los matrimonios lleguen al fracaso: rompimiento, separación, divorcio. También las estadísticas llevadas por muchos países, así lo indican.

Lamentablemente muchos hogares cristianos están dentro de esta estadística, y no sólo lo digo por lo que he visto, sino que fue una realidad que yo mismo viví.

Quiero aclarar que, en el caso contrario, cuando es el hombre quien dedica el mayor tiempo de su día a trabajar en alguna organización, y su esposa este en casa, no es que no pueda también acarrear igualmente el desinterés por la formación de los hijos, o la desatención a la pareja, por supuesto que puede darse estos casos; todo dependerá del corazón de la persona. Por eso nuestro Señor dice que todo depende del corazón, de lo que en ese corazón hay y de lo que ese corazón sea capaz de hacer por otros, pero nos advierte que:

> *"Engañoso es el corazón más que todas las cosas, y perverso;*
> *¿quién lo conocerá?"*
> *(Jeremías 17:9) R-V 1960*

En el caso que estamos describiendo sobre el rol de la mujer, <u>hay una gran clave</u> y está descrita entre las líneas de los siguientes versículos,

Elogio de la mujer virtuosa

¹⁰ *Mujer virtuosa, ¿quién la hallará?*
Porque su estima sobrepasa largamente
a la de las piedras preciosas.
¹¹ *El corazón de su marido está en ella confiado,*
y no carecerá de ganancias.
¹² *Le da ella bien y no mal*
todos los días de su vida.
¹³ *Busca lana y lino,*
y con voluntad trabaja con sus manos.
¹⁴ *Es como nave de mercader;*
trae su pan de lejos.
¹⁵ *Se levanta aun de noche*
y da comida a su familia
y ración a sus criadas.
¹⁶ *Considera la heredad, y la compra,*
y planta viña del fruto de sus manos.
¹⁷ *Ciñe de fuerza sus lomos,*
y esfuerza sus brazos.
¹⁸ *Ve que van bien sus negocios;*
su lámpara no se apaga de noche.
¹⁹ *Aplica su mano al huso,*
y sus manos a la rueca.
²⁰ *Alarga su mano al pobre,*
y extiende sus manos al menesteroso.
²¹ *No tiene temor de la nieve por su familia,*
porque toda su familia está vestida de ropas doble.
²² *Ella se hace tapices;*
de lino fino y púrpura es su vestido.
²³ *Su marido es conocido en las puertas,*
cuando se sienta con los ancianos de la tierra.
²⁴ *Hace telas, y vende,*
y da cintas al mercader.
²⁵ *Fuerza y honor son su vestidura;*
y se ríe de lo por venir.
²⁶ *Abre su boca con sabiduría,*
y la ley de clemencia está en su lengua.
²⁷ *Considera los caminos de su casa,*
y no come el pan de balde.
²⁸ *Se levantan sus hijos y la llaman bienaventurada;*
y su marido también la alaba:
²⁹ *Muchas mujeres hicieron el bien;*
mas tú sobrepasas a todas.

³⁰ Engañosa es la gracia, y vana la hermosura;
la mujer que teme a Jehová, ésa será alabada.
³¹ Dadle del fruto de sus manos,
y alábenla en las puertas sus hechos.
(Proverbios 31: 10-31) R-V 1960.

Que hermosas palabras describen a este modelo de mujer que Dios llama: "Mujer Virtuosa". Pues indica que hay un modelo que nuestro Señor quiere que ellas sigan, pero que por desconocimiento no lo hacen.

Recuerden que, en mi confesión personal en este libro, yo pongo primero mi ejemplo de cómo he vivido lo mismo que la mayoría ha vivido; y que por lo cual concluyo, que, sin Dios en nosotros, tenemos un alto porcentaje de probabilidad de fracasó.

Él es quien realmente nos conoce de pie a cabeza, ya que nos diseñó y nos da la vida. Él todo lo sabe, todo lo conoce de cada uno de nosotros.

"Y, en cuanto a ustedes, cada cabello de su cabeza está contado.
Así que no tengan miedo;
para Dios ustedes son más valiosos que toda una bandada de gorriones."
(**Lucas 12:7**) NTV

Se estarán quizás preguntando: ¿Y cuál es la descripción para el modelo de un hombre?, ya que hago señalamiento a la "Mujer Virtuosa"; pues bien, la descripción del modelo para el hombre, es Jesucristo. Y esto es un reto aun mayor, de buscarlo, estudiarlo y aplicarlo, y el hombre fije su mirada en Cristo, y se deje llevar por el Espíritu, para ser como Jesús nos pide que seamos.

¿De qué se trata el asunto de las prioridades?, se trata de lograr el EQUILIBRIO. La necesidad de saber colocar primero lo primero, EN MUTO ACUERDO, sin abandonar los roles y responsabilidades que un hogar demanda.

La Palabra de Dios hace una pregunta:

"¿Pueden dos caminar juntos
sin estar de acuerdo adónde van?"
(Amós 3:3) NTV.

Estudiando a fondo estas situaciones, junto a mi esposa, nos ha tocado profundizar para poder ordenar primeramente nuestro hogar, y una vez logrado este objetivo luego de muchos años, nuestro Señor nos puso en el corazón, el que iniciáramos la consultoría y ayudar a otros matrimonios, y así luego a familias enteras. Por lo tanto, hemos sido llenados poco a poco del conocimiento y del amor de nuestro Señor Jesucristo, para poder posteriormente servirlo a él en el propósito de darle asesoría a otras parejas y familias, porque nuestro Señor primero capacita, y luego envía para que se cumpla su voluntad, a través de sus hijos.

Estas situaciones de no saber ordenar las prioridades dentro de una relación entre dos o más miembros de la familia, son más frecuentes de lo que usted se pueda imaginar; hemos llegado a la conclusión, que casi todos los conflictos tienen una raíz en la práctica excesiva del ego, de la concentración "en ti mismo", del "yo primero" sin preocuparte por los otros.

Por esta causa, llegamos a descubrir que sus efectos vienen dados por muchas falsas enseñanzas, las cuales buscan fijar un modelo centrado en el "YO" como prioridad máxima, y que este modelo es contrario al de Jesús.

EL HOMBRE COMO PROVEEDOR, PROTECTOR Y SACERDOTE DEL HOGAR:

También hay muchos casos en los que el hombre abandona sus responsabilidades en casa, por creer que existe una prioridad suprema en el trabajo, ya sea una realidad o una excusa, esto trae igualmente consecuencias negativas, y afecta el hogar; pero, si la mujer esta entendida en que su prioridad es la de edificar su hogar, y la del hombre es principalmente ser proveedor, entonces generalmente el hogar se sostiene a pesar de la ausencia del hombre, y los hijos pueden seguir un rumbo más acorde con principios y valores familiares sembrados por la mujer. Eso siempre y cuando la madre por supuesto tenga estos principios y valores en su corazón, porque "nadie puede dar de lo que no tiene".

Quiero decir que respeto a todas aquellas personas que no piensen como yo, que los principios y valores que realmente importan solo vienen de Dios. Yo, no comparto posturas contrarias a las que mi Padre Celestial indica que es lo correcto.

Mi conclusión es y siempre será, que de Dios viene todo lo bueno y de más nadie, ni de más nada, sólo de Él.

El rol principal del hombre en el hogar, es ser sacerdote, protector y proveedor del mismo. Ser el sacerdote significa que debe enseñar los principios del reino de los cielos al resto del componente familiar; luego, debe ser la cabeza ejemplar del hogar ya que sigue a Cristo y lo evidencia en sus acciones; porque así está estipulado en el orden divino de Dios, y lo podemos ver en el siguiente versículo:

"Pero quiero que sepáis que Cristo es la cabeza de todo varón, y el varón es la cabeza de la mujer, y Dios la cabeza de Cristo."
(1 Corintios 11:3) R-V 1960.

Aquí radica la otra parte del problema en el hogar, cuando el hombre no cumple las funciones y prioridades descritas en la Biblia, pues, o desconoce de ellas, o simplemente las conoce, pero no las cumple,

Si un hombre no está sujeto a Cristo, la mujer no tendrá base suficiente para confiar en la figura que Dios puso en el hombre, como cabeza de hogar, y entonces vemos a muchas mujeres tomando las riendas por culpa del abandono del hombre. Y esto no es parte del diseño original, el Creador no le dio la función de cabeza de hogar a la mujer, sino al hombre. Pero: ¿Qué está pasando en realidad en muchos hogares?.

Lo que pasa es, que, desde hace mucho tiempo, el rol del hombre está totalmente tergiversado, al igual que el de la mujer. Por ejemplo, se le ha dicho al hombre que precisamente por ser un hombre, no le toca compartir algunas tareas principales dentro del hogar, porque son tareas "exclusivas" de la mujer, tales como: barrer, limpiar, asear lo baños, lavar ropa, cocinar, cambiar pañales, etc. Y resulta que nos podemos preguntar ¿de dónde sacan que eso es así.?. No será de lo que Dios dice, porque Él no dice que no se pueda colaborar, ni ayudar a la pareja en el hogar, sino lo contrario, Él dice que se trata por completo de servir al prójimo, comenzando por los de la casa.

Jesús lo ratifica diciendo que la tarea principal después de servir al Padre, es también servir a los demás, y no sólo lo dice, sino que lo demostró con su paso por esta tierra, que aun siendo perfectamente Dios, también fue perfectamente hombre.

Pero entonces, vuelvo a preguntar: ¿de dónde saca la sociedad que el hombre no puede hacer tareas simples y básicas en el hogar?.

Lo que pasa es que este tema es un tema netamente cultural, sembrado a través de las malas costumbres que la sociedad ha traído, al pasar de los tiempos. Por eso es que cuando a mí me preguntan ¿Qué es la cultura? Yo les digo que es la culpable de todo, porque pareciera que a todo lo relacionan con la cultura y le llaman cultura, y al final, le echan la culpa de todo a la cultura que predomina

Al hombre se le ha vendido la idea de ser el macho, el que grita, el peleador, el que merece ser atendido al llegar casa porque es el que trae el dinero para comer y pagar las obligaciones. Le dicen desde pequeño que: "macho que se respeta no debe rebajarse a colaborar, ni se puede llamar hombre si se le ocurre barrer o cocinar". Así se ha venido formando al hombre por años, en muchos hogares.

Entonces ni siquiera se ocupa de sus hijos, ni de saber sobre sus necesidades o cómo le va en los estudios, porque se le ha enseñado, que el tema de los hijos es tarea exclusiva de la mujer. Pero todo esto, es totalmente contrario a lo que nuestro Señor Jesucristo nos enseña, pues, en la biblia se establece cual es el rol del hombre, de la mujer y de los hijos, y allí no se habla ni de Machismo, Ni de Feminismo, ni de Rebelión. Al contrario, Dios detesta estos comportamientos que generan antivalores y desobediencia a sus consejos.

"16 Hay seis cosas que el SEÑOR odia,
no, son siete las que detesta:
17 los ojos arrogantes,
la lengua mentirosa,
las manos que matan al inocente,
18 el corazón que trama el mal,
los pies que corren a hacer lo malo,
19 el testigo falso que respira mentiras
y el que siembra discordia en una familia.
20 Hijo mío, obedece los mandatos de tu padre,
y no descuides la instrucción de tu madre.
(Proverbios 6:16-20) NTV

Ahora en esta época llamada "moderna", es peor, el hombre busca quererse y cuidarse tanto, que se pinta el pelo, se pone sarcillos, viste ropa pegada, lo llaman la era del metrosexual. Por otra parte, los medios de comunicación masiva, le han dado cabida a la liberación homosexual y al lesbianismo, y siendo un poderoso vehículo público que llega a muchas personas sin importar la edad, y sin ningún respeto a Dios, difunden estos antivalores en forma continua. Creen que colocando un anuncio en el cual advierten que lo que se transmitirá a continuación, tiene un contenido B o C, D o X, es suficiente, y sin más ni más, proyectan imágenes y mensajes PERVERSOS. Además, premian a la lujuria, a las escenas más crueles que atrapan la mente del ser humano, y generan más visitas o "RATING"; (Rating: es un término con varios usos. El más frecuente refiere a la cantidad de personas que está viendo un programa de televisión o escuchando un programa radial.)

¿Qué ha resultado de todo esto?. El resultado es: que hay un alto incremento de hombres homosexuales, las mujeres se han "liberado" del "yugo" del macho, según ellas; y como consecuencia, se ha incrementado el lesbianismo. Todo este problema ha generado una mala concepción sobre el matrimonio, y se piensa que es mejor juntarse para satisfacerse, y ya.

Los gobiernos se han olvidado por completo de la Palabra, han apoyado estas tendencias, y por ganar votos, han permitido leyes para que exista el matrimonio entre personas del mismo sexo. Incluso están permitiendo que estas parejas adopten hijos, y luchen por sus derechos totalmente trastornados, de lo que Dios diseño, como correcto.

Este mismo mensaje es para la mujer, que practica el lesbianismo, sepa usted que es aborrecido por Dios.

Pero entonces, ¿De dónde vienen tantas herejías?, vienen de poner la atención en las cosas que el mal ha sembrado como buenas, y que realmente son malas y perjudiciales para el ser humano.

¿Efectos que han causado todo esto?, el cambio histórico de los roles de los seres humanos según su propia naturaleza (hombre y mujer). La respuesta que yo he encontrado, tiene que ver con la pérdida del enfoque. Cuando perdemos de vista a Cristo, como el centro de nuestras vidas, todo se volverá lujuria, corrupción y pecado.

El asunto es que el ser humano, sobre todo el hombre, en su búsqueda de respuestas, ha desarrollado teorías contrarias a lo que la Palabra dice, y han visto muy lucrativa la opción de crear ideas "revolucionarias" para imponer sus criterios, y esto ha decantado en una corriente que centra la mirada en el "YO", como prioridad.

En la mayoría de los libros de autoayuda, todos los escritores coinciden y enseñan que primero debe ser el "YO" y luego los demás.

Hay una aseveración que tiene una verdad en su intención, y que está contenida en la siguiente interpretación de una enseñanza que dice así: "Nadie puede dar de lo que no tiene", y esto es realidad.

Pero lo que no es cierto, es que sea el "YO" lo primero ni lo único, pues si fuese así, el modelo que Jesucristo estableció, no se hubiera basado en la necesidad de su muerte para salvarnos, como lo fue; pues, él es todo poderoso, porque es parte del Creador, y no tendría la necesidad de haberse humillado y haberse convertido en hombre para ese fin del sacrificio santo, si el hombre hubiese sido capaz de salvarse así mismo.

Ahora pregunto: ¿qué hubiese pasado con nosotros si Cristo no se hubiese sacrificado para el perdón de nuestros pecados?, La respuesta: es que nunca hubiésemos podido pretender estar en la presencia de Dios, ni hubiésemos podido pretender vivir con él por toda una eternidad.

¿Cuál fue entonces el sentido de hacerse hombre, humillarse y sufrir cargándose de todos nuestros pecados en la cruz?. La respuesta es: que el sentido maravilloso del sacrificio de Jesús fue su ofrenda agradable ante Dios, para perdonarnos y establecer un nuevo pacto, en el cual, los que creemos en él, seremos rescatados por Cristo, para ser llevados junto a él a la presencia del Padre.

Jesús mismo dejó en claro y por escrito, que el sistema de prioridades establece que primero debe estar Él Padre, y luego el prójimo. Tanto es así que lo dejó asentado en los siguientes mandamientos:

> *"Ama a tu Dios con todo lo que piensas,*
> *con todo lo que eres y con todo lo que vales."*
> *(Marcos 12:30-31) TLA*

> *Y el segundo mandamiento en importancia es:*
> *"Un mandamiento nuevo os doy: que os améis los unos a los otros; que como*
> *yo os he amado, así también os améis los unos a los otros.". (Juan 13: 34) LBLA*

> *"En esto conocerán todos que sois mis discípulos,*
> *si os tenéis amor los unos a los otros."*
> *(Juan 13:35) LBLA*

También declaró que el sentido de la vida es el servicio a los demás, dejó como modelo lo siguiente:

> *"Pues ni aun el Hijo del Hombre vino para que le sirvan, sino para servir a*
> *otros y para dar su vida en rescate por muchos." (Mateo 20:28). NTV*

Esta declaración te cambia la vida, y hecha por tierra todas esas enseñanzas que definen que el centro de la vida es el "YO". Pues eso no es parte de la verdad, Cristo indica que no tiene sentido el vivir así, centrado en ti mismo, sino que el modelo correcto es vivir sirviendo a los demás.

En pocas palabras, a la mayoría de las personas el sistema del mundo nos trasmite un orden de prioridad distorsionado, centrado en la falsa doctrina del "YO", que busca crearte la ilusión de que todos deben servirte a ti, porque tú eres el más grande e importante. Esto mata de raíz, la virtud de la humildad, y da total entrada al egoísmo, la altives y el falso sentido de grandeza.

Así que la respuesta a tantas dificultades que existen, históricas por demás, vienen dadas a que el sistema corrupto creado por el hombre, ha cambiado el orden de las prioridades y se ha puesto el mismo hombre en el primer lugar; así que, el mensaje oculto es que los demás no importan, y si los tomas en cuenta, es para aprovecharte de ellos. Esto no es para nada agradable ante los ojos de nuestro creador.

Dios, indica que es más importante aprender a mirar hacia arriba, que mira hacia abajo, y esto es la alegoría de la altives del corazón. Pues el que es altivo de corazón, prefiere estar arriba y mirar a los demás hacia abajo, y sin darse cuenta quitan a Dios de su lugar, y se ponen ellos, por eso se dice que se creen dioses cuando tienen dinero y poder en exceso.

El modelo de Jesús, generó un "choque" en todo mi ser, cuando al principio Cristo me mostró lo que el sistema del reino de los cielos dice al respecto. Y les confieso que aspiro que en usted pase lo mismo, porque hasta que no sentimos ese "choque", no despertamos de esa "parálisis espiritual".

La Palabra de Dios dice:

> *"Pero entre ustedes será diferente.*
> *El que quiera ser un líder entre ustedes*
> *deberá ser sirviente,*
> *y el que quiera ser el primero entre ustedes*
> *deberá convertirse en esclavo.*
> *(Mateo 20:26-27) NTV*

Dígame con sinceridad, ¿No le causa un "choque" escuchar que Dios le indica que usted debe convertirse en sirviente y en esclavo?.

Lo que pasa es que tenemos que entender bien el contexto del momento en que la Palabra se refiere a este versículo, y, sobre todo, lo que espiritualmente quiere decirnos con estas dos condiciones; pero, no me voy a detener a profundizar en ello, más bien, le hago una invitación a que, si le causa interés, busque respuesta leyendo la Biblia.

Por cierto, que todo este tema se desarrolló en un momento cuando Jesús enseñó acerca del servicio a los demás, aprovechando que la madre de los discípulos Santiago y Juan, hijos de Zebedeo, se acercaron a Jesús, respetuosamente, pidiéndole el favor de que sentara a Santiago y a Juan en lugares de honor, uno a la derecha y otro a la izquierda de Jesús.

Jesús, de inmediato, les indicó que esos lugares no los designaba él sino su Padre, y les dijo algo para reflexionar, y los invito a ustedes a lo mismo:

> *"¡No saben lo que piden!*
> *¿Acaso pueden beber de la copa amarga de sufrimiento*
> *que yo estoy a punto de beber?"*
> *(Matero 20:22). NTV*

Esta petición creó indignación en los otros discípulos, ¿Por qué?. Será porque al final y al cabo, sea la época que sea, este mundo nos ha tratado siempre de infundir que, es importante el lugar o sitial donde te puedas sentar a la mesa con respecto al líder mayor. Aquí es donde entran en juego: la envidia y la competencia.

Bueno, hay mucha "tela que cortar" al respecto, y mucho podríamos desarrollar sobre estas importantes líneas que Jesús quiso que quedaran escritas en esta enseñanza sobre el cómo servir a los demás, pero en lo particular quiero resaltar que así es como comúnmente nosotros nos comportamos, porque así es como el sistema del mundo siempre nos ha enseñado. "YO primero y después los demás".

> *"Luego Jesús dijo a sus discípulos:*
> *«Si alguno de ustedes quiere ser mi seguidor,*
> *tiene que abandonar su manera egoísta de vivir,*
> *tomar su cruz y seguirme."*
> *(Mateo 16:24) NTV*

Esta posición, que muchas veces se mal interpreta, y genera dudas de, en qué lugar de mis prioridades debo estar yo como persona, afecta también a las organizaciones, organismo y empresas.

Hasta sentimos orgullo de decir en cual empresa o institución estoy trabajando, y según el reconocimiento social de esa empresa o institución, me dará el Cache y Prestigio. Si la empresa o institución nadie la conoce, desestimarán mi labor y hasta muchos creerán que estoy perdiendo mi tiempo allí.

Incluso esto pasa cuando te preguntan ¿dónde te congregas?, si no es en una Iglesia reconocida, en el corazón de las personas se produce una desestimación sobre tu ser, y hasta piensan algunos que estas limitado en tu conocimiento y madurez espiritual. Porque el mundo sigue presionando en ti, hasta en lo espiritual. Está tan arraigado el ego, que trastoca el ser, y el hacer.

EL EQUILIBRIO (LA ARMONÍA) ENTRE EL ROL DEL HOMBRE Y EL ROL DE LA MUJER:

> *"Someteos unos a otros en el temor de Dios.*
> *Las casadas estén sujetas a sus propios maridos, como al Señor;*
> *porque el marido es cabeza de la mujer,*
> *así como Cristo es cabeza de la iglesia,*
> *la cual es su cuerpo, y él es su Salvador."*
> *(Efesios 5:21-23) R-V 1960.*

> *"¡Mirad cuán bueno y cuán delicioso es*
> *Habitar los Hermanos juntos en armonía!"*
> *(Salmos 133:1) R-V 1960.*

Al pensar en la forma triangular como figura, cobra vida la importancia del *Equilibrio (La Armonía)*.

Hay muchas enseñanzas que mi Señor me ha permitido adquirir; una de ellas, tiene que ver con lo que él dispuso para que los seres humanos entendiéramos como lograr ser felices en esta tierra. Me refiero no a la felicidad que hemos conocido según el mundo, sino esa felicidad que está llena del gozo de Dios y de su plenitud; la felicidad que nuestro creador nos proporciona con su paz, esa paz que sólo el Padre Celestial le sabe dar a sus hijos.

La aplicación triangular la quiero llevar a lo que una vez entendí podría asemejarse a la búsqueda de una alternativa que hiciera factible la relación entre dos personas o más personas.

En mi caso quiero plantear el ejemplo de lo que he vivido con mi esposa, y sé que este ejemplo funciona por igual con cualquier relación entre dos personas, sean o no, esposos.

Cuando conocí a Dilia, mi hermosa esposa, por la cual también le doy gracias a Dios cada día de mi vida, yo no entendía cómo llevar exitosamente una relación sentimental; pues, venía de un primer fracaso de diez años.

Los motivos principales de esta fractura en mi primera experiencia matrimonial, estuvieron en los cambios de valores y prioridades que se presentaron; ninguno estábamos en los caminos de Cristo realmente, por lo tanto, no teníamos herramientas que nos pudieran ayudar, y cada uno siempre trataba de alar para su lado, pues el orgullo preponderaba.

Seguidamente me encontré en un tiempo de sanación de más o menos tres años, luego de la separación, y en donde mi única meta era la crianza de mis hijos, y la restauración de un hogar para ellos, ya que gracias a Dios ellos siempre estuvieron conmigo.

Mis dos hijos, de mi primer matrimonio, me acompañaron siempre, y a pesar de haber perdido también el trabajo, la casa, etc., mi familia me dio cabida en sus vidas apoyándonos y permitiéndonos vivir en la casa de mis padres.

En ese entonces ***me paralice***, y ya yo no pensaba en términos de productividad, ni de asesorías, ni en crecimiento, ni en excelencia, ni de nada de eso; mi mente y mi vida estaban envueltas en un proceso gris, el cual no lo entendía y no sabía qué hacer.

De repente, de haber tenido éxito en cargos y roles importantes en una empresa, de haber asesorado a muchas de ellas y haber sido líder de proyectos de gran magnitud e importancia, pase a no tener un trabajo estable, de la noche a la mañana; me toco incursionar en diferentes formas de trabajos que para mí no eran tradicionales ni deseados, pero tenía que hacer lo que fuese necesario para poder llevar algo de comer a mis hijos.

Sobre todo, lo que hacía era llorar a escondidas, a solas, por la situación que estaba viviendo. Pues en mi país, sucedió lo que nadie creía podía suceder. Todas las puertas se cerraban ante mis ojos, porque simplemente era un extrabajador de la industria que generaba el mayor ingreso al estado, y el estado lo tomo un dictador de los peores que han sembrado miseria, corrupción y muerte en el mundo.

Pero gracias a Dios nunca a mis hijos les falto de comer, y siempre nuestro Señor fue misericordioso con nosotros hasta para pagar sus estudios, y le puso en los corazones de mis padres, y de mis hermanos, el seguir apoyándonos. Pues mi Padre Celestial si sabía porque teníamos que haber pasado como familia por esa situación.

Hoy día, sé que, de no haber tenido esa caída quizás nunca yo habría conocido a Cristo Jesús; pues yo era de esos que, como muchos, decía que los cristianos eran unos fanáticos religiosos, que lo que hacían era vivir de lo que los demás les regalaban, y una cantidad de cosas más. Claro está, me creía gran cosa porque trabajaba en una buena empresa y ganaba buen dinero, me sentía como dice un refrán popular en mi país: "el papá de los helados".

Pues ya ven, ahora yo soy uno de esos cristianos, para la Gloria de Dios, pues entendí que Él me había predestinado a conocerle, y me di cuenta de lo equivocado que yo estaba creyendo saber quién era, y cómo debía vivir y actuar. Ahora estoy mirando hacia Él, siguiendo a Cristo Jesús quien es el camino correcto.

Sé, estimado lector que, si usted ha llegado hasta estas líneas, y sigue con el resto del contenido de este libro, es porque también Dios le está hablando a su corazón, pues Él tiene un propósito con su vida, y eso llegará a su tiempo.

Muchos, tenemos que pasar por este tipo de pruebas, u otras igualmente difíciles, para descubrir conceptos importantísimos que nunca los hubiera conocido en su esencia, sino hubiesen sucedido esas dificultades. Los gigantes en nuestras vidas se presentan para permitirnos justamente conocer la verdad de un Dios fiel, lleno de amor y misericordia.

Quiero enfocarme en lo que sucedió, cuando luego de un tiempo, mi Creador puso en mi camino a mi esposa, una mujer bendecida que ya conocía de cierta forma a Jesús; ella, poco a poco me enseñaba el concepto de la verdadera humildad, el trabajo desinteresado, y el amor incondicional al prójimo. Ya ella me estaba modelando con el ejemplo: la honestidad y lealtad que nuestro Señor quería que conociéramos y por el cual viviéramos.

Ella estaba caminando por la senda que me convenia a mí también caminar, y ella tenía como propósito divino recogerme y llevarme con su amor hacia los brazos de Cristo. Pues una vez emprendida nuestra relación, inmediatamente yo sentí la necesidad de formalizarla y no esperamos mucho cuando empezamos a vivir y luchar por el ideal de formar una nueva familia, pero sin cazarnos, porque yo creía que el matrimonio no tenía sentido. Ella no me decía nada, pero sé que, en su corazón, estaba el respeto y sujeción a mi como figura del esposo que anhelaba.

¿Qué por qué digo que lo sé?, porque toda mujer anhela tener a un esposo a su lado, que la represente y le dé la dignidad de ser reconocida como su esposa; no como la querida, ni como la concubina por no querer darle su apellido y por los prejuicios del matrimonio, sembrados por la sociedad actual.

Todavía no habíamos internalizado todo lo que la palabra enseñaba sobre el concubinato, ya que no leíamos la Biblia, ni nos congregábamos, ni habíamos recibido a Cristo correctamente, en espíritu y verdad; así que, nos dejamos llevar por la pasión de la carne, y la necesidad de experimentar nuestra relación, sin saber que ese estado de concubinato es desaprobado por Dios.

Yo era de los que decía que después de haber tenido un fracaso matrimonial, mejor sería vivir juntos, pero sin casarse, y así no había ningún papel ni ninguna formalidad que impidiera salirnos del paquete cuando las cosas fueran mal.

No entendía que estaba apostando nuevamente a la posibilidad de fracaso, incrédulo en lo que sería un verdadero amor que sostenga una relación de por vida. La incredulidad, la desconfianza, estaban presentes debido a las viejas heridas del corazón, que ambos teníamos, porque ella también venía de un primer fracaso sentimental.

No es sino hasta pasado un buen tiempo, que llegamos a la hermosa isla de Margarita en Venezuela, un lugar realmente bello, con muchos atractivos turísticos, a la cual Dios nos había traído sin nosotros entenderlo bien, pues sus planes son desconocidos por el hombre, pero son siempre planes de bien y no de mal. Cuando de repente, mi esposa tuvo noticias de un problema grave de salud de un sobrino, y viendo yo que ella estaba bastante triste por esa situación, le dije que fuéramos a la iglesia donde mi hermano menor y su esposa asistían, recuerdo que le dije que era una iglesia cristiana y que yo sabía que los cristianos oraban y se creaba una atmosfera de paz y esperanza.

Así fue como llegamos a La Iglesia Cristiana Casa de Alabanza en Porlamar, con una petición de oración por ese niño.

Al asistir a un servicio dominical con ese propósito, resulta que nos vimos envueltos es ese ambiente de hermandad y adoración a Dios, y allí Él comenzó el trabajo en nuestros corazones, a su manera, pues el Padre Celestial es soberano y hace como quiere.

Ya había llegado el tiempo para mí, y mi esposa, de que Jesucristo se presentará, como lo hizo, ante nosotros, y empecé a escuchar de él en esas predicas, empecé a entender bien lo que Jesús hizo por nosotros, y lo empecé a conocer como mi salvador y redentor. Mi esposa me cuenta que sintió lo mismo.

Entonces sucedió que yo no podía parar de llorar, y así paso casi todo ese servicio que duró como 2 horas. Con pena me retiré, sin saber porque no podía dejar de llorar.

Para hacer corto el relato, la semana siguiente también fuimos a esa iglesia, y pasó lo mismo, no pare de llorar. ¿Qué me pasaba? me preguntaba, pero lo maravilloso es que todos a mi alrededor respetaban eso que me pasaba, y simplemente no me miraban, sino que oraban, porque ellos ya habían experimentado lo mismo, y entendían que mi corazón se quebrantaba, y estaba sucediendo el milagro más hermoso, se convertía de un corazón de piedra, en un corazón de carne, sensible y humillado ante la voz de su Creador.

Al poco tiempo, entendí que Dios se me estaba revelando como un Padre, y que me estaba brindando la oportunidad de adoptarme como su hijo, y yo lo adopté como mi Padre Celestial. Recuerdo ese maravilloso momento, que viví en un encuentro al cual asistí, y por supuesto, en el cual tampoco paraba de llorar. Allí también entendí, que su Palabra se estaban cumpliendo en mí, cuando él dijo que correrían ríos de agua viva por nuestro ser, y sentí como se desbordaba ese rio por medio de mis ojos.

También aprendí a respetar cuando un hombre llora, y más cuando lo hace por la presencia del Espíritu Santo en su corazón, así que también es mentira eso que dicen que "los hombres no lloran". Pues más bien, hay que ser un verdadero hombre para aceptar el poder de Dios y la debilidad en nosotros, y derramarnos ante su presencia. Eso te lleva al quebrantamiento total de tu corazón, para romper esa piedra en la que se había convertido, y hacernos sensibles a la voz del Espíritu. Si esto no sucede en tu vida, jamás serás capaz de amar como Cristo ama.

Prontamente estaba yo en el camino correcto, gracias a la bondad y misericordia de Dios, quien a través de su hijo Jesús me recibió mediante mi arrepentimiento genuino, y me selló con su Espíritu Santo, luego le pedí que escribiera mi nombre en el libro de la vida, para entra en su reino y vivir con él por toda la eternidad. Este glorioso momento nunca lo olvidaré, porque es realmente inolvidable y milagroso. Gracias a mi Señor Jesucristo, yo nací de nuevo.

Así salí, de ese estado de Parálisis, y pude ver la esperanza, y esa esperanza sigue siendo mi norte. Es por ello que escribí este libro, y reitero que mi anhelo es que también a usted le pase lo mismo, que su corazón se llene del amor de Cristo.

En paralelo, a mi esposa le pasaba lo mismo, ella también vio a nuestro Señor en su manifestación de amor, lo recibió en un encuentro de damas, y ella comenzó su caminar con Jesús.

Esto sucedió a penas a una semana de distancia, porque los encuentros fueron diseñados así, primero se realizó el de los hombres y luego el de damas. Que genial fue.

Así que empezamos a asistir a la Iglesia, ahora formalmente como miembros. Luego nos inscribimos para que nos asignaran una célula de matrimonios, en la cual una pareja de pastores nos recibió con mucho amor y empezamos a aprender cómo manejar nuestra relación, y la relación con nuestros hijos. Por cierto, que no les he contado que Dilia tenía también dos hermosos hijos que se sumaron al clan de nuestra familia y ahora pasamos a ser seis.

La Iglesia Cristiana es una escuela para desarrollar hombres y mujeres con propósitos. Una de las cosas que aprendí de Cristo mi Señor, es que el primer ministerio que él te da, es tu Familia; así que en ella hay que comenzar a trabajar dignamente, y así el hombre pueda demostrar sus capacidades como cabeza del hogar, y la mujer demostrar su capacidad de sujetarse a su marido, y de edificar a sus hijos. Dios quiere que sepas que el hombre es el Sacerdote de su Hogar, allí está el reto del hombre; el saber qué, sino lo llevas correctamente, tendrás que darle cuenta de ello, algún día.

Primero, Dios dispuso inteligentemente el que trabajemos en nuestra familia para poder ser luz en otros territorios, tales como el trabajo, la comunidad, la sociedad y la nación.

Otro aspecto que aprendí en la célula, es que cuando nosotros no tenemos a Cristo en nuestros corazones, actuamos solos y creemos que por nuestras propias fuerzas podemos salir adelante. Es cierto que muchos llegan a tener cosas materiales, y dicen ser felices, pero la mayoría, por no decir todos, denotan en sus intimidades no ser el reflejo de la felicidad que promulgan, pues hay un gran vacío en sus corazones ya que el corazón fue diseñado para que sea lleno de la plenitud exclusiva de Jesucristo. Nadie ni nada puede llenarlo realmente con propósitos de bien, sino que hacen una ilusión de ello. Así que la plenitud se llama CRISTO.

"Pues en Cristo habita toda la plenitud de Dios en un cuerpo humano.

De modo que ustedes también están completos mediante la unión con Cristo.,"
(Colosenses 2:9-10) NTV

"Y su nombre será la esperanza de todo el mundo" (Mateo 12:21) NTV

Sino conocemos a donde queremos llegar, no sabremos cual es el camino correcto a seguir, por lo tanto, cualquier camino que se nos presente nos parecerá bueno, y al final de ese camino, habrá una gran probabilidad de arrepentimiento por descubrir que ese no era el mejor camino que pudimos haber tomado.

Esa es la forma en que el príncipe de este mundo, satanás, quiere que andemos: perdidos, creyendo que somos lo suficientemente audaces, que solos seremos capaces de "comernos al mundo", y así otros pensamientos que, como estos, nos llevan cada vez más a su territorio, un territorio en donde tarde o temprano, nos destruirá el alma para sus fines malignos.

"El ladrón no viene sino para hurtar y matar
y destruir..." (Juan 10:10) R-V 1960

Pero Jesús dice:
" ...yo he venido para que tengan vida, y para que la tengan en abundancia."
(Juan 10:10) R-V 1960

Amigos la vida es una lucha espiritual que no la entendemos, pues no la vemos, y muchos por no verla no la creen. Pero gracias a Dios tenemos en Cristo la esperanza de rectificar, no importando cuales sean nuestros pecados, pues para Él no hay tamaño en los pecados, ni color, ni diferencia alguna; son iguales y todos los puede perdonar, si llegas a arrepentirte de corazón y en verdad. *Eso es una Clave: Si llegas a arrepentirte de corazón y en verdad.*

Entonces, gráficamente podríamos representarnos como tan sólo un punto en el inmenso espacio que nos rodea, así de insignificante podríamos pensar que somos cuando andamos solos. Pero para Dios somos inmensamente importantes, pues si lo aceptamos como un Padre, para Él somos sus hijos, y entonces nos da parte de su herencia, y la compartimos con Cristo; además, Cristo dio su vida por cada uno de nosotros, como demostración de cuanto valemos para él.

"Pero Dios demuestra su amor para con nosotros, en que, siendo aún
pecadores, Cristo murió por nosotros." (Romanos 5:8) LBLA

Andar solos como hombres y mujeres comunes, nos posiciona en un nivel de pensamiento de dos dimensiones; pero, esas no son las dimensiones de Dios, ni el espacio en donde Él quiere vernos posicionados. El Amor del Padre, es multidimensional y único:

Una forma de representar gráficamente una relación de dos dimensiones entre dos seres humanos, sin Cristo en sus corazones, sería la siguiente:

Figura Nro. 1:

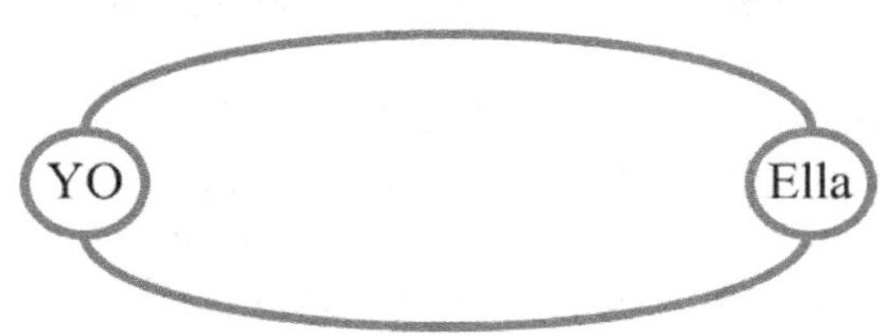

Yo como soy, Ella como es.

Lo que ocurre en una relación así, es que se unen dos personas distintas. El maravilloso diseño de Dios, no crea a nadie igual a otro, pues, Él tiene tanta creatividad que se complace en hacernos distintos y "rompe el molde" cuando nacemos, para que nadie sea idéntico al otro. Semejantes sí, más no idénticamente iguales.

Cuando crecemos sin Dios en nuestro corazón, estamos a la merced de la formación que en nuestros hogares nos den, en ellos ojalá existan por lo menos valores y principios familiares y sociales que nos permitan ser ciudadanos reconocidos por nuestras buenas acciones. Y digo ojalá, porque lamentablemente hay muchísimos hogares desechos por el enemigo, pues esa es su principal función, la destrucción de hogares; satanás sabe que allí comienzan las enseñanzas a generaciones futuras, y que allí en el hogar, se define también la manera de pensar y actuar de las personas, así que no quiere que aparezca Dios por ningún lado en la mente de las familias.

Cuando nuestro creador permite la unión de dos personas de distintos sexos, bajo el matrimonio, en esa relación ocurren muchas cosas que nos hacen crecer y pulir en nuestro carácter; luego así también será en el carácter individual de cada hijo(a).

El primer reto natural que se presenta en una relación de parejas, es cuando alguno de los dos trata de cambiar al otro, olvidándose que se enamoró de él o de ella, así como era cuando lo(a) conoció.

Las dificultades se presentan cuando intentamos cambiar la esencia de otra persona, olvidándonos que esa esencia hace particular a esa persona. Es imposible que una persona cambie la esencia de otra persona, porque estaría cambiando a la persona en sí, lo cual la haría ser otra persona distinta a la original, y quizás ese resultado no sea el que buscamos.

Esto se convierte en una "Batalla Épica", el tratar de cambiar a alguien. Y para el ser humano se hace imposible lograrlo, sólo se logran los conflictos. Pero estimados lectores, les tengo una buena noticia, Dios si puede cambiar a una persona PARA BIEN, pues para Él nada es imposible.

Lo que pasa es que cuando no conocemos al Padre Celestial, y creemos que nos las sabemos todas, creemos también que podemos mandar en la vida de otros, y si ellos viven con nosotros o trabajan para nosotros, peor aún, porque nuestra soberbia nos hace pensar que las otras personas tendrán que hacer lo que yo quiera. Así pensamos generalmente cuando no tenemos el criterio espiritual presente, sino el terrenal.

Entonces en esa lucha frustrada de no entender este planteamiento de quien cambia a quien, se establecen las rupturas de las relaciones. La lucha por la no aceptación de la forma de ser de la pareja, hace insoportable la conversación, hace que surjan las palabras que hieren, y desencadena una relación tóxica. ¿Dónde quedo el amor que los hizo unirse?

La representación gráfica de esa relación tóxica, que genera ruptura, sería la siguiente:

Figura Nro. 2:

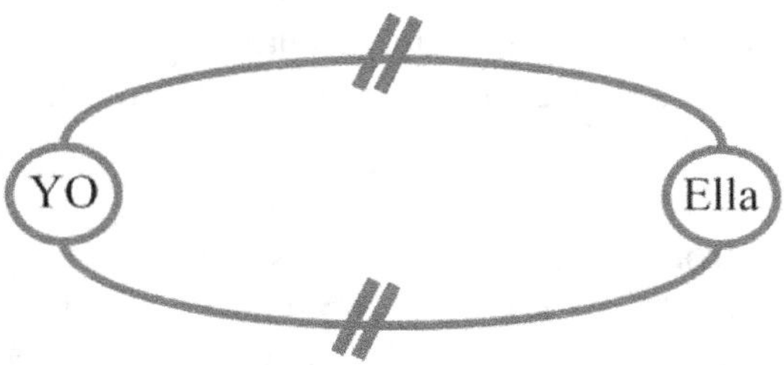

Esta representación gráfica, refleja la mayoría de las relaciones entre dos o más personas, lamentablemente es así; y ya que, vivimos de esta manera, los conflictos son frecuentes, el mundo gira alrededor del tratar de cambiarnos unos a otros; la influencia más dominante tiende a imponerse, y así nos pasamos todo el tiempo, queriendo hacer doblegar al otro, en función de que se cumplan mis caprichos y deseos. ¿Usted cree que es así, o no?.

Pues créalo, vivimos la mayoría del tiempo, envueltos en relaciones tóxicas y mentirosas, no hay honestidad alguna en ellas, sólo intereses particulares. Son relaciones enfermizas si alguno adopta la posición de mártir y quiere tratar de mantenerse a toda costa en esa relación, y entonces se la pasará sufriendo y manipulando, para ver si la otra persona se doblega y "disfrutar" del éxito de su comedia.

El asunto es que, sin Dios entre las partes, será una relación de muchos altibajos y que tenderá a romperse, por eso la palabra habla que un cordón de dos dobleces se rompe con más facilidad, Pero también habla que un cordón en el cual se coloque a Cristo entre la pareja, pasará a ser un cordón de tres dobleces y ese si es muy resistente y duradero.

"Alguien que esté solo puede ser atacado y vencido, pero si son dos, se ponen de espalda con espalda y vencen; mejor todavía si son tres, porque una cuerda triple no se corta fácilmente." (Eclesiastés 4::12) NTV

El principio de toda relación es la buena comunicación, y aunque todas las teorías comunicacionales indiquen que para establecer una comunicación entre dos personas se cumple que hay un emisor y un receptor, esto funciona siempre y cuando uno trasmita el código correcto y el otro lo reciba y acepte ese código en forma pasiva, dándole tiempo a traducir el código e interpretarlo bien, para luego dar una respuesta también positiva, o que busque más entendimiento. Se imaginan, esto debería suceder en nuestro día a día. ¿Será que así es nuestra comunicación de pareja?.

Pero al actuar activamente, ósea ambos disparando códigos sin parar al mismo tiempo, y si ninguno quiere escuchar sino hablar, surgen los ruidos comunicacionales intensos. Se cumple que, a mayor ruido peor comunicación existirá; el margen de error se intensifica, y esa relación no logrará la buena comunicación.

El principio de la retroalimentación se cumple, cuando hay una buena comunicación, porque la misma se da en un ambiente de cordialidad y amabilidad, y esto permite que prudentemente se comunique y activamente se escuchen. Lo correcto es que mientras uno habla, el otro escuche con empatía, y luego se intercambien, pero: ¿Así cree usted que sucede en su relación de pareja?. ¿Así cree usted que sucede en la relación con sus hijos?

La noticia es que esta retroalimentación no se sostendrá por mucho tiempo, ya que siempre imperará la fijación de un criterio para llegar a una conclusión.

Siempre habrá la necesidad de llegar a acuerdos entre lo que se dice y lo que se espera que el otro haga; no hay ni un sólo caso, ni en lo social ni en lo relacionado con el trabajo, ni en lo amoroso ni en ningún otro vínculo, en el que se presente que todos estén de acuerdo y esta comunicación fluya sin interpretaciones e intercambios de ideas que sumen o resten al proceso, ¿Por qué?, porque todos necesitamos expresar nuestro sentir y nuestro pensar, y queremos que sea tomado en cuenta.

Bien, la pregunta es: ¿Cómo hacer entonces para mantener una relación en armonía, y que esta perdure en el tiempo?.

En mi caso, y con mi amada esposa Dilia, Dios me dio una estrategia, la cual la llamaremos **"la tercera alternativa"**, y que hoy quiero regalársela a ustedes.

Cuando conocimos a Cristo, Él nos enseñó a poner a Dios como parte esencial de nuestra relación y siempre lo tenemos presente para todo; así es la única forma de llevar adelante una relación sana de pareja.

"Uno solo puede ser vencido, pero dos presentan resistencia.
El cordón de tres hilos no se rompe fácilmente."
(Eclesiastés 4:12)NTV

"Así que podemos decir con toda confianza: "El Señor es quien me ayuda, por eso no tendré miedo. ¿Qué me puede hacer un simple mortal?"
(Hebreos 13: 6) NTV

"No temas, porque yo estoy contigo; no te desalientes, porque yo soy tu Dios.
Te fortaleceré, ciertamente te ayudaré,
sí, te sostendré con la diestra de mi justicia."
(Isaías 41:10)LBLA

Lo bueno es que también funciona, además de su pareja, en cualquier otra relación con una o muchas personas más. Es lo que yo llamo LA TERCERA ALTERNATIVA, y gráficamente se representa de la siguiente manera:

Figura Nro. 3: La Tercera Alternativa

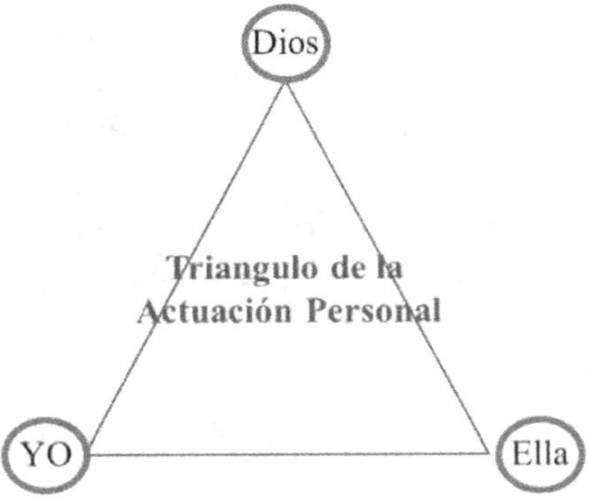

En esta relación gráfica quiero denotar que Dios siempre debe estar entre nosotros, es más, debe ser la cabeza de la relación, la guía, el norte. Él no permitirá que se rompa nuestra relación, si ambos ponemos la confianza en él y seguimos sus indicaciones de cómo llevar esa relación, por el buen camino.

Él nos impulsa a colocar en la relación nuestras mejores intenciones, porque Él es Amor, y no habla otro lenguaje que no sea ese; el amor de Dios, es el único que reconforta, y da paz.

El amor de Cristo está descrito en la Biblia, como "La preeminencia del amor":

> *"El amor es sufrido, es benigno; el amor no tiene envidia, el amor no es jactancioso, no se envanece; no hace nada indebido, no busca lo suyo, no se irrita, no guarda rencor; no se goza de la injusticia, mas se goza de la verdad. Todo lo sufre, todo lo cree, todo lo espera, todo lo soporta."*
> *(1 Corintios 13:4-7) R-V 1960*

Esta representación en el Triángulo, se logra cuando las partes entienden que la alternativa necesaria para sus vidas y su relación, es invitar a Cristo a que forme parte principal en ellos. Cuando ambos, tanto el hombre como la mujer, coloquen en la relación *la voluntad de hacer el bien al otro, sin esperar nada a cambio,* estarán siguiendo uno de los mandatos de Cristo.

Dios es tan sabio, que te permitirá que tu sigas trabajando en tus errores, emociones y sentimientos, pero, Él te sugiere que eso lo hagas en tu interior, ósea en tu zona de privacidad; él quiere que entiendas que para establecer una relación sana con otra(s) persona(s), necesitarás de otras herramientas como lo son: la tolerancia, la buena comunicación, el dominio propio, el escuchar, el saber que habrán otras opiniones y puntos de vistas que tendrás que aceptar, también que aprendas a mediar para solucionar y ceder, de ser necesario. ¿Te sientes preparado en todo esto?.

Tú, mientras aprendes a llevar relaciones, seguramente estarás trabajando en tu interior con el carácter, que es lo más fuerte a resolver, ya que fue lo que imperó en el Edén, y ocasionó la caída del ser humano del plan original. Así que tu lucha interna es tu propio problema con el cual tendrás que entender que sólo(a) no podrás resolverlo, y que igualmente Dios te propone ayudarte, pero es tu entera decisión, tu libre albedrío, el aceptarlo.

Como conclusión de este aspecto PERSONAL que hemos triangulado, tenemos lo siguiente:

1.- Toda relación que se establezca con una o muchas personas y en cualquier plano: lo sentimental o lo laboral, requiere entenderse en su dimensión como para que si se quiere sea una relación sana y duradera, tendrá que tener la intervención de Dios entre las partes.

2.- Lo difícil es que justamente si una de las dos personas, o alguna de las muchas que intervienen en la relación, no tiene a Cristo en su corazón, será una lucha que traerá problemas de seguro.

3.- La realidad de la vida es que lo expuesto en el punto anterior, es lo más común, así que quien tenga a Cristo en su corazón tendrá que aprender a llevar relaciones desbalanceadas, pero el Padre nos fortalece y sabemos que más bien nos ayudará a que poco a poco los demás, vean nuestro ejemplo de cómo vivir en Cristo, y eso los pueda ayudar a llegar a la verdadera paz interior que solo Dios provee.

4.- Cuando exista una relación de dos o más personas en la cual ninguno tenga a Cristo en sus corazones, estaremos ante la presencia no de una figura triangular, sino de una relación en la cual los entes estarán en sus propias fuerzas, en un circuito tipo elipsis, el cual tenderá tarde o temprano a romperse.

REFLEXIONES:

Este ciclo de sociedad – hombre/mujer - trabajo - hogar, es vital. Si ustedes les preguntaran a ciudadanos de cualquier país catalogado como desarrollado, cuáles serían sus prioridades y cómo ordenarían los siguientes renglones: País, Trabajo, Familia, seguramente las clasificarán totalmente contrario, a lo que piensan las personas nacidas en países clasificados como subdesarrollados.

Si no, hagan ustedes mismos este ejercicio de clasificación y vean los resultados, así podrán tener algunas respuestas a los problemas políticos, sociales, familiares e incluso organizacionales que hoy en día vive cada nación.

Por ello, pienso que estos aspectos son la marca del camino a seguir que definirá las *sociedades del futuro*". Concepto por cierto que no deja de aterrorizarme cuando lo leo entre las líneas de algunos autores reconocidos y exitosos, porque ellos, para mí, han perdido el sentido de lo humano, quedándose sólo en el pensamiento frío del mundo de los negocios y la producción de dinero, ignorando por completo, cual es el verdadero propósito que Dios diseño para el ser humano.

Cuando escojan un modelo a seguir, tengan cuidado, así venga de donde venga, sea quien sea, tengan cuidado. Si usted decide seguir el modelo de otra persona, de seguro tendrá dificultades y fracasos importantes en su vida, porque ya lo dice la Palabra:

"Esto dice el Señor: "Malditos son los que ponen su confianza en simples seres humanos, que se apoyan en la fuerza humana, y apartan el corazón del Señor.."
(Jeremías 17:5) NTV

Generalmente los modelos de hombres/mujeres, hablan en forma increíble de sociedad del futuro y de sus fantasías e irrealidades, todas basadas en la fama y el dinero. Sus vidas giran en torno a lo material y al dinero, de como ellos fueron capaces de lograr esto con su inmensa sabiduría humana. Y te dejan la sensación de que tú eres un(a) tonto(a) ante ellos, y que ellos son las personas exitosas a las cuales debes seguir como ejemplo, como modelo.

Cada cual que aporte lo que pueda a su nivel de conciencia y de posibilidades, pero ojalá que ese aporte sea de algo bueno **que no te Paralice**, pues paralizarse es morir en *"la teoría del punto en el espacio"*, que una vez escuché al amigo y profesor Víctor Guedes, quien indicaba que "si estamos conscientes que en la vida, vista en tres dimensiones, un día es como verse reflejado como un punto en un espacio tridimensional, ese será un día de nuestras vidas, pero que como sabemos la mañana siguiente será entonces otro espacio totalmente diferente al anterior, el cual quedó en el pasado, y ese espacio anterior para nosotros es el ayer y ya no existe en el hoy, o en el mañana, nosotros no podemos quedarnos en el ayer, porque en el hoy seriamos inexistentes, ósea técnicamente estaríamos muertos".

Por ello, hay que decir ¡PRESENTE! en todos los espacios posibles y gritar ¡Aquí Estoy! ¡¿Para qué soy bueno?!, ¡¿En qué te puedo Ayudar?!.

Así, la idea es que otros noten nuestra presencia, y entonces quede registrado en la vida, que existimos y podemos ser útiles a alguien ese día.

Quisiera cerrar dejándoles para su reflexión, otros pensamientos que dicen lo siguiente:

"Piensen en grande conscientes de que hay que comenzar desde lo básico".
Mario J. Bowen M.

"No le temas al fracaso, porque de él también se aprende". Anónimo.

"Ten fe en que, si te preparas e inviertes tiempo en leer la Biblia,
tendrás un alto porcentaje o probabilidad de obtener éxito,
pues el Espíritu Santo te guiará a ello.".
Mario J. Bowen M.

CAPÍTULO 2

EL PODER DEL EQUILIBRIO
(La Relación como un Sistema)

Toda relación entre personas, pasa a ser una especie de sistema en el cual interactúan una cantidad de elementos que intervienen para lograr determinados resultados; así, entendiendo que de alguna forma se genera un sistema en cada relación establecida, entre dos o más personas, podemos tratar de evaluar las variables que hacen que ese sistema sea sostenible, viable y productivo.

Esto quiere decir, que podemos ver al triángulo equilátero mencionado en el capítulo anterior, como un sistema, en el cual interactúan mínimo tres miembros. Recuerden que propusimos colocar a Cristo a la cabeza de la relación, ósea en la punta superior del triángulo, y si seguimos tomando el ejemplo de la formación de una pareja (matrimonio) en la base del triángulo, allí colocamos al hombre y a la mujer que definen esa relación humana, estando cada uno de ellos en un extremo.

Entonces definiendo una relación como un sistema, justamente surge la necesidad de entender que todo sistema requiere para su funcionamiento correcto, que exista un EQUILIBRIO entre sus partes. *(Espero poder hacer entender esta idea, que técnicamente no es fácil de explicar cuando introducimos estas palabras como sistema, equilibrio, triángulo, etc.)*

Quisiera definir este EQUILIBRIO como: el sentido de bienestar que encuentra cada individuo cuando da su aporte para sostener la relación.

Si una persona encuentra lógica su intervención en una relación, porque siente un bienestar en la misma, entonces hará el esfuerzo de sostenerla, aunque sea al mínimo.

Esto quiere decir también, que, en el caso contrario si la persona no encuentra lógica su participación en la relación porque no siente bienestar, tarde o temprano buscará salirse del compromiso y la relación se romperá.

Así que el equilibrio, es sumamente importante en el mundo de las relaciones y cuando hablamos de un matrimonio, no es solamente importante, sino VITAL. Por eso debemos entender el poder que hay en la búsqueda y aplicación del equilibrio en la relación entre dos o más personas.

Ahora, también existen otros elementos que aportan al equilibrio en una relación, por ejemplo: el nivel de tensión que esta relación tenga, y esa tensión está referida a cuanto sea capaz cada uno, de no crear en la otra persona una presión tal que genere la tensión entre ellas; el problema de la tensión, es que cuando esta crece y crece, llegará un momento en el cual se "estresa" el sistema. Todos conocemos el famoso ESTRÉS que ha pasado a ser calificado como la enfermedad de este siglo, y ahora, prácticamente todo tiene que ver con la generación del estrés en el individuo, y entonces se encuentra una razón del comportamiento errado de la persona, porque vive estresada.

Sabiamente nuestro creador, nos da muchas indicaciones para que estemos alertas de todas estas cosas que están sucediendo cada día, y que al pasar de los años se harán aún más presentes, y en forma silenciosa vendrán a contribuir con el deterioro de todos los sistemas existentes; así como también, sucederá en el sistema del matrimonio.

Ya de entrada, nuestro creador nos da unas sugerencias importantes para que antes de tratar de establecer una relación con otra persona, podamos verificar que probabilidad de fracaso o acierto vamos a tener. Por ejemplo, Dios nos habla del "Yugo Desigual", y este término está relacionado a un símil que Jesús usa como comparación, y que se emplea en el proceso básico del arado de la tierra, en ciertas épocas y por costumbres, cuando el hombre trabaja la tierra, se usaba y quizás todavía se usa, una pieza elaborada en madera la cual se le coloca a cada buey en su lomo, próximo al cuello, de tal manera que en un extremo ponen a un buey con experiencia en el proceso del arado, un buey más viejo y experimentado, y en el otro extremo colocan a un buey joven, quizás novato; entonces, el efecto buscado es que el buey viejo guía por su experiencia al buey joven, pero el joven impulsa al viejo por su ímpetu, así que se buscaba el equilibrio para que esta relación pudiese dar el fruto esperado en el arado correcto de la tierra.

Cuando Jesús usa esta analogía y habla del consejo a la pareja de no unirse en yugo desigual, trata de decir que, si no se logra un acuerdo entre las partes, el sistema relacional no obtendrá el fruto esperado, pues andarán ambos tratando de ir cada uno por su lado, y eso ocasionará tensión continua en la relación; y al final, se romperá. Recordemos la pregunta que hace la Biblia en el versículo siguiente:

> *"¿Andarán dos juntos, si no estuvieren de acuerdo?.".*
> *(Amós 3: 3)*

Definitivamente esta pregunta nos hace reflexionar y concluir, que cuando no hay acuerdo en una relación, este sistema se estresará debido a que cada quien actuará de una manera distinta, y ello traerá desequilibrio, tensión y ruptura.

Podemos sugerir que, si usted quiere establecer una relación sana de pareja con otra persona, tenga en cuenta ciertas características que le pueden dar idea si esa persona pueda ser la idónea o no. Entre esas características que son negativas, tenemos las siguientes:

1.- <u>Incredulidad en Dios:</u> La Palabra dice que, si usted es creyente y su pareja no, se estaría uniendo en un yugo desigual, y esto le traerá, tarde o temprano, muchos problemas.

"Por lo tanto, amados hermanos, ¡cuidado! Asegúrense de que ninguno de ustedes tenga un corazón maligno e incrédulo que los aleje del Dios vivo.".
(Hebreos 3:12) NTV

En mi experiencia como ministro de Cristo, me ha tocado junto a mi esposa, recibir muchas personas creyentes pidiéndonos consejos sobre qué hacer cuando sus relaciones no van por buen camino, debido a que su pareja no cree en Dios, y le hace la guerra porque asiste a una iglesia, diciéndole muchas cosas que la estresa y la ofende, cómo, por ejemplo: Te van a lavar el cerebro, te van a robar, etc.

Si todavía no se han casado, les advertimos de esta primera condición que Cristo señala, que cuando hay un creyente y la otra persona no lo es, la relación ira por un rumbo en el cual pasarán muchos malos ratos, y que sólo el tiempo dirá que ocurrirá.

Aquellas personas que han hecho caso omiso de estos consejos, porque dicen que el amor es ciego, quieren seguir con esta relación y al pasar del tiempo, se torna tóxica; luego, vemos como regresan nuevamente buscando más consejos, arrepentidas, afligidas y heridas en su corazón, y al final, en un buen porcentaje, los matrimonios fracasan.

Lo que ocurre es que muchas personas que se les advierte del yugo desigual, piensan que es tarea de Jesucristo el hacerle el milagro de cambiarle a su pareja, y se la pasan todos los días y los años de casados, viviendo como mártires, orando y pidiendo para que Dios le cambie el carácter a su pareja, y resulta que esa pareja nunca quizás llega a querer doblegar su corazón porque sencillamente no cree en Dios.

Así que usted tiene que ser inteligente, y si está a tiempo, darse cuenta de estos consejos que la Palabra tiene para usted; no se trata de desechar personas, no quiero que me mal entienda, se trata de esperar y poner a prueba la relación, en las etapas anteriores al matrimonio, si es que están tiempo para ello.

Si en cambio, ya la relación matrimonial es un hecho y existe un yugo desigual, nuestro consejo es que además de orar para que Dios le ayude, tiene que vivir en su lucha por hacer que su vida sea un buen ejemplo para que su pareja sienta la necesidad de conocer al Dios en el que usted puso su fe. (Le recomiendo vea la película: "Cuarto de Guerra" y otra llamada "A Prueba de Fuego").

2.- <u>Que la persona sea Floja(o) / Perezosa(o)</u>, la flojera o la pereza, es un término que la Biblia trata y describe como aquella persona que es negligente, no le gusta el trabajo, no colabora, ocasiona un estrés continuo en cualquier relación ya que no se puede contar con ella para lograr los niveles de eficiencia que la vida exige en todo sistema. Tanto es así de delicado este término de flojera, que la Palabra lo relaciona con el ocio, y dice nuestro Señor, que una persona negligente no entrará al reino de los cielos, por su misma condición.

"Los perezosos duermen profundamente, pero su ocio los deja con hambre".
(Proverbios 19:15) NTV

3.- <u>Que la persona sea Irrespetuosa,</u> no respeta normas, leyes, acuerdos, no respeta a sus padres o a sus hermanos, son indicativos que tampoco le respetará a usted. Una persona irrespetuosa, es una persona desobediente. (véase Efesios 6:1-9).

Dice la Palabra que, al casarse, una condición vital que sostendrá la relación será el respeto mutuo, así que, si de ante mano usted reconoce esta condición de irrespeto en su pareja, ya sabe qué futuro le espera.

Si la pareja por ejemplo, le dice que mejor vivan juntos por un tiempo, sin casarse, usted tiene que saber que es un irrespeto a su condición natural de ser humano apreciado por Dios, ya que el vivir el concubinato es una forma de no querer respetar la condición de dignidad de la otra persona, porque no quiere que sea presentada ante los demás como su esposo o esposa, ya que en el fondo, hay una especie de complejo o escepticismo a lo que el matrimonio implica, y hay un miedo al fracaso. Tenga cuidado porque el mayor porcentaje actual de parejas están en esta condición de concubinato, y al final, también sufren los hijos cuando su legalidad y reconocimiento social no está en línea con los mandamientos de Dios, ni las leyes de los países.

Esta condición del irrespeto en una persona, es parte de la base del trastorno social que ahora ha dado frutos negativos a todos los cambios que han puesto al matrimonio, como algo que no vale la pena lograr, y es simplemente una artimaña del mal para lograr su cometido de destruir el concepto social básico, ya que el matrimonio es la célula principal de toda sociedad, que da fruto a la familia.

Vea las estadísticas mundiales que arrojan que el irrespeto entre la pareja, es uno de los causales principales del divorcio, ya que generalmente conlleva a los problemas serios tales como: el maltrato, el abuso, la violación, e incluso la muerte.

4.- <u>La Rebeldía</u>, si su pareja, ya denota esta característica, tenga también mucho cuidado, pues esta persona generalmente no se sujeta a ninguna otra condición exigida por otra persona, no sigue ordenes, no quiere escuchar otra opinión contraria a la suya, no acepta otro punto de vista; entonces, esta persona no podrá ejercer la sumisión ni la sujeción que la Biblia menciona, como condiciones necesarias para seguir el camino correcto que Cristo señala.

Todos tenemos etapas de rebeldía en nuestra vida, por nuestra misma naturaleza humana, el asunto es si somos capaces de doblegar nuestra rebeldía y orgullo, y humillarnos ante Dios para aceptarlo como nuestro Señor.

"Préstale mucha atención y obedece sus instrucciones. No te rebeles contra él, porque es mi representante y no perdonará tu rebelión."
(Éxodo 23:21) NTV

5.- <u>A su pareja no le gusta leer</u>, aunque parezca una tontería, una persona que no le gusta leer presenta una condición que trae muchos problemas posteriores como pareja. No hablamos de que no sepa leer, sino que, si sepa leer, pero no le gusta. A continuación, algunos ejemplos de los problemas que se presentan, cuando existe esta condición:

Usted no lo va a creer quizás, pero el problema de no querer leer, es una condición que hace que la persona no tenga un vocabulario amplio, entonces no tiene una forma adecuada de expresión ya que su banco de palabras y verbos es escaso, se limitará a repetir lo que socialmente su círculo de personas digan, o lo que simplemente escuche decir, así lo repetirá, sin tener idea de lo que dice, y lo peor es que llega a creerlo.

No va a querer leer la Biblia, ni ningún otro libro como este que usted está leyendo, y que le pueda ayudar, entonces se encerrará en un mundo muy pequeño en el cual no le dará oportunidad a su creatividad, no desarrollará su imaginación en pleno, porque no es capaz de ampliar su visión ya que la persona que no le gusta leer, generalmente pierde gradualmente también su capacidad de escribir.

Su cultura será limitada y le traerá problemas sociales cuando usted quiera presentarla como su pareja formal, en cualquier reunión social, y cuando se establezca una conversación inteligente sobre un tema cualquiera, usted sentirá mucha incomodidad porque verá que su pareja se alejará o no participará debido a que no tiene nada que aportar.

Entonces, si usted tiene un título universitario, o alguna especialización u oficio, por ejemplo, y su pareja no tiene ningún estudio formal ni culminado porque no le gusta leer, ya usted está en una relación desigual, que se convertirá en un yugo desigual, y tarde o temprano vivirá en un estrés que generará desequilibrio en la relación, y esta se romperá.

Además, lo más importante del leer, es que todo padre o madre de familia, debe ser el primer instructor de sus hijos, y también deben edificarse mutuamente como pareja. Si por ejemplo el hombre no lee porque no le gusta, como va a ejercer el rol de sacerdote del hogar, si no podrá dar instrucciones correctas sobre la Biblia, ya que no la lee. O si es la mujer es la que no le gusta leer, como podrá instruir a sus hijos sobre el camino correcto que Jesús señala en la Biblia, sino la lee.

"Instruye al niño en su camino,
Y aun cuando fuere viejo no se apartará de él."
(Proverbios 22:6) RV 1960

6.- <u>Su pareja no es Servicial</u>, Si su pareja es muy poco o nada colaborador(a) porque no tiene en sus venas el amor por el servicio a los demás, le importará muy poco lo que le pase a las otras personas; esto, es un indicativo muy importante de tomar en cuenta, ya que si no lo hace, es muy probable que usted se convierta en un(a) esclavo(a) al servicio de su pareja. A qué me refiero, a que si su pareja es incapaz de trabajar en equipo, de colaborar con usted o con otras personas, es del tipo entonces que sólo le gusta que lo(a) atiendan. No le gusta servir, y piden que le sirvan.

Esto de ser servicial a los demás es tan importante, que el mismo Jesucristo lo demostró en todo momento con su vida, y señaló que es el propósito principal de nuestra creación, el servicio a los demás (prójimo).

Incluso lo demostró cuando les lavó los pies a sus discípulos, y cuando hizo lo que hizo por todos nosotros en la cruz. También se aseguró de que lo entendiéramos dejándolo por escrito, diciendo lo siguiente:

+

"Pues ni aun el Hijo del Hombre vino para que le sirvan,
sino para servir a otros y para dar su vida en rescate por muchos".
(Mateo 20:28) NTV

7.- <u>Su pareja es Poco o Nada Amoroso(a)</u>, si su pretendido(a) no denota ser amoroso(a), puede haber toda una historia detrás de esta característica. No digo que sea así todo el tiempo, pero en la mayoría de los casos que me ha tocado conocer, cuando la persona no denota amor, es porque no recibió amor.

Aquí vienen todos los problemas de una infancia infeliz, del mal trato, o de que simplemente los padres o alguno de ellos, no era tampoco amoroso(a), entonces no le trasmitió al hijo(a) el amor.

Una persona poco amorosa, tiende a no valorar el amor que usted le quiera dar, y por consiguiente, si usted es al contrario, muy amoroso(a) se va a sentir frustrado(a) cuando quiera dar de su amor y lo manifieste a través de carisias, o abrazarlo(a), etc.; sencillamente, no recibirá respuesta afectiva, entonces usted sentirá rechazo, y el asunto de fondo no es que usted lo esté haciendo mal, es que su pareja no le da la importancia, ya que no lo ha vivido y no lo valora.

Resulta que la Biblia enseña que Dios es Amor. Y en todo momento se nos habla de la importancia del amor, y que incluso hay tres cosas que perdurarán para siempre: la esperanza, la fe y el amor, y dice la Palabra que el Amor es la más importante entre ellas.

> *"Tres cosas durarán para siempre: la fe, la esperanza y el amor;*
> *y la mayor de las tres es el amor.".*
> *(1 Corintios 13:13) NTV*

Hay todo un debate en que si el amor se aprende, o no; yo creo que sí, pero cuando se inicia una relación y ya usted ve de entrada que esa otra persona a la cual usted quiere conocer bien, para establecer una relación, y esa persona no es amorosa, entonces ya sabe, que, tendrá una tarea ardua que realizar, demostrándole lo que es el amor sincero, sano y verdadero, para pretender que esa persona lo valore y se transforme en una persona que también le dé a usted, el amor que merece y espera. Por su puesto que hablamos de los tipos de amor en el capítulo anterior mencionamos, y eso mismo se refiere a los que estoy tratando de decir aquí, el amor de pareja, y otro tipo de amor al prójimo.

8.- <u>Su pareja es descuidado(a) consigo mismo(a)</u>, no ama su ser y lo demuestra con el descuido, no se arregla bien, no se viste adecuadamente, su cuerpo refleja que nunca se ha preocupado por él, le huele mal el aliento, los pies, sus axilas, no se peina, etc.; ya, le estaría dando indicios a usted, de lo que le espera en el futuro, en su unión matrimonial.

Lo que hemos visto en la práctica, es que este tipo de persona vive en una especie de depresión que no la deja quererse a ella misma, y por lo tanto lo denota en su vivir y en su actuar. Hay que tener mucho cuidado porque si se desestima a ella misma, también le desestimará a usted, y a sus hijos.

Generalmente el descuido personal no se justifica en esta era "moderna", en dónde hay tantas cosas que se han creado para el cuidado personal, si una persona se descuida a ella misma, es porque hay razones de peso muy importantes de tomar en cuenta. Entre ellas: la religiosidad, pues hay personas que le han metido en la cabeza, que por ejemplo debe usar solamente faldas, no se puede afeitar en las partes íntimas y axilas, o que la mujer no debe pintarse porque es pecado, etc. Estos son rasgos que denotan esta característica del descuido y que le harán pasar tragos muy amargos si usted se une a ella, siendo de un pensamiento contrario; pero, si usted está de acuerdo con esas características, tranquilo(a) porque no habrá diferencia.

9.- <u>Su pareja es Chismoso(a)</u>, Este es una característica de mucha importancia para tomarla en cuenta también; tanto es así, que, Dios dice que la persona que practica el chisme, es perversa.

> *"El perverso provoca contiendas,*
> *y el chismoso divide a los buenos amigos".*
> *(Proverbios 16:28) NVI*

Dios dice en su palabra que la persona chismosa, revela los secretos de otras personas, incluyendo de su pareja, y esto es terrible, y hace la comparación con la persona discreta, y dice que la discreta es confiable; dejando entender, que la persona chismosa no es confiable para nada. Yo le pregunto: ¿Le gustaría unirse a una persona que no sea confiable?

10.- <u>Su pareja es Mentiroso(a),</u> Para mí, esta es la característica más peligrosa de todas, pues la mentira es la herramienta más poderosa de satanás para hacer daño y destruir a la familia; su pasión es romper la unión matrimonial, esa es su meta.

Sólo el de conducta intachable, que practica la verdad de Cristo y la Justicia de Dios, es de buen corazón porque dice la verdad, aprecia la verdad, ya que su modelo que es Cristo, quien representa la verdad, el camino y la vida. Así que el buen samaritano no calumnia a su prójimo, le ayuda en todo lo que puede, y bendice a sus semejantes.

Dios nos señala que nuestras conversaciones no deben contener obscenidad, ni mentiras, sino que por el contrario nuestras palabras deben contribuir a la necesaria edificación de las vidas de quienes nos escuchan. Nuestras palabras deben bendecir la vida de nuestros seres amados, y del prójimo en general.

También dice la Biblia que los labios del mentiroso buscan disimular su odio, eso que en su corazón lleva arraigado por múltiples heridas; indica, además, que el que propaga la mentira, y la calumnia, es un necio y no entrará en el reino de los cielos.

Podríamos escribir tanto sobre esta característica inadecuada, a la cual te estoy sugiriendo tengas mucho cuidado de ver; pero, quiero sintetizar este desarrollo más bien, invitándote a que leas el Capítulo 3 del libro del Apóstol Santiago, y allí verás porque le dedica un capítulo entero a la LENGUA.

11.- <u>Tu pareja No se Compromete</u>: Si usted ve y sabe que la persona que le pretende como pareja, se escabulle cuando se habla de compromiso, le huye al compromiso, se hace el loco(a) cuando usted le habla de enseriar la relación, tenga cuidado porque ya sabe que sus intenciones no son serias, y más adelante no llegarán a feliz término.

Yo recuerdo una estrategia usada por muchas mujeres, que cuando ya tenían un cierto tiempo de noviazgo con su pareja, le invitaban a pasear por un centro comercial y de repente, los llevaban frente a las vitrinas de una tienda donde venden cosas para bebes, y les dicen: mira qué bonito, ¿te imaginas cuando tengamos a nuestro bebe en una cunita como esa?. O lo paseaban a propósito por otra tienda que venden vestidos o trajes de novia(o), y entonces así ven la reacción de su pareja.

Si usted sabe que su pareja le huye al compromiso, que garantía tendrá que le defenderá en el futuro, que será capaz de dar su vida por usted o sus hijos. Una persona que no se compromete en nada, de seguro huira, pegará la carrera cuando se presenten las dificultades; pero, resulta que la vida está llena de dificultades, esta persona no ha entendido que la vida se trata de enfrentar los problemas, porque en ellos es que se pone a prueba nuestra fe.

En necesaria la dificultad, para que podamos crecer en nuestra fe. No quisiera pasar por ninguna dificultad, ni le deseo a usted que la tenga, pero es parte de la vida, imposible madurar sin pasar por dificultades.

12.- <u>Su pareja es Iracundo</u>, si la persona que le pretende tiene esta característica, usted ya sabe que no soportará nada, que se irritará de nada, de repente explota, no acepta que le lleven la contraria, y así sucesivamente, ya usted sabe cuál será su destino en esa relación. Una virtud necesaria que debemos desarrollar y que pocos tenemos, es la Paciencia, la Tolerancia, la Mansedumbre y el Dominio Propio.

Yo recuerdo que antes de conocer al Señor, yo era impaciente e iracundo, incluso me vanagloriaba a mí mismo y mostraba ciertas marcas en mis manos para decir que eran heridas de peleas porque no le aguantaba nada a nadie, ni siquiera que miraran mal, o miraran a mi mujer. Realmente no sabía que tonto era.

Soy testigo directo, ya que en mí sucedió; y cuando el Señor entra en nuestro corazón, nos cambia poco a poco a través de su Espíritu Santo, su amor es capaz quebrantar el odio más profundo, y todo aquello que nos hace intolerantes, y convierte nuestro corazón en piedra en un corazón de carne, para que nuevamente podamos sentir la oportunidad de valorar el dolor y las necesidades de otras personas.

Una persona intolerante, no respeta la condición humana, y se hace el(la) desentendido(a) ante la necesidad de otras personas. Esta característica de ser iracundo, viene muchas veces de la falta de confianza en uno mismo y por supuesto, de la falta de conocer a Dios. Nosotros sugerimos que lean y mediten en lo que dice el Libro de Gálatas en su Capítulo 5. Además, veamos lo que dice el siguiente versículo:

> *"¡Ya no sigas enojado! ¡Deja a un lado tu ira!*
> *No pierdas los estribos, que eso solo trae daño.".*
> *(Salmos 37:8) NTV*

REFLEXIONES:

Es cierto que el único que transforma es Dios, y que todos los que hemos nacido y vivido en esta tierra somos imperfectos menos Jesucristo, y eso hace que le demos oportunidades a cualquier persona de cambiar y mejorar; pero, también es verdad que Jesucristo nos habla que Dios nos escogió, y su manera de seleccionar corresponde a unos criterios que sólo Él conoce. Gracias a Dios podemos disfrutar de su misericordia.

Dios nos dice que debemos también buscar su sabiduría, y aplicar la inteligencia, así que, si podemos meditar en estas advertencias, de cómo seleccionar a tiempo a nuestra pareja, de seguro tendremos menos dolores de cabeza en el futuro de nuestra relación.

El asunto tratado en estos temas de las relaciones de pareja, nos indica la oportunidad de minimizar los errores y las fallas, y que no tenemos que ir a enfrentar las dificultades por no hacer caso a los consejos. Luego no andemos pidiéndole a Dios por milagros en el cambio de la esencia de nuestra pareja, si a tiempo pudimos haber visto su carácter. Cada quien es responsable por ponerse a cuenta con Dios.

Esto puede hacer pensar a muchos, equivocadamente, que se "quedarán para vestir santos", como dicen los católicos en un viejo refrán, ósea, que no van a poder conseguir pareja si son tan selectivos, y es cierto que se corre una probabilidad de que pase el tiempo, y no consigamos a nadie que cumpla las características idóneas para el matrimonio; pero, de eso no se trata, no se trata de que usted busque al ideal que no existe, se trata de que conscientemente vea rasgos en la personalidad y el carácter, que a tiempo puedan trabajar ambos en ellos, porque usted es la primera persona que debe reconocer sus defectos y virtudes, y entonces juntos, puedan llevar esas características de sus personalidades y ponerse a cuanta con Dios, para que Él pueda ayudarles. Ese es el trabajo del Espíritu Santo.

Si es posible lograr el cambio deseado, y acercarse a la mejor propuesta de modelo que es Jesús, pues se lo digo yo, que, si lo ha hecho conmigo, les puedo asegurar que también lo podrá hacer con usted. Dios le bendiga en todo eso.

CAPÍTULO 3

EL PODER DEL UNIÓN
(El triángulo según sus Partes)

En mi condición de hombre e hijo de Dios, puedo aconsejarles a los hombres que leen este libro, lo siguiente: aprecie al máximo a su esposa o novia, y dele el lugar que ella merece, como una hija de Dios.

Una vez tuve una revelación en mi corazón, cuando escuche de mis líderes espirituales hacernos una pregunta: ¿Cómo te gustaría trataran a tu(s) hija(s)?. La reflexión venía para que supiéramos que nuestra esposa o novia, es también una hija de Dios, y a Dios también le gustaría que la tratáramos como se merece de bien, igual a como nos gustaría trataran a nuestra(s) hija(s).

Me puse a meditar en cómo estaba yo tratando a mis hijas, y como yo trataba a mi esposa; ello, me llevó a pedirle perdón a ellas y a mi Dios, porque me mostró que en ocasiones no me supe dirigir correctamente en amor, sino que fui totalmente brusco, es más también lo hice con mis hijos varones, y en todos había sembrado una raíz de amargura en sus corazones; de esas raíces, que también mi padre terrenal había sembrado en mi corazón, sin darse cuenta, cuando actuó contra mí en forma inadecuada, o cuando me dijo palabras hirientes, tal como yo lo hice con mis hijos y con mi esposa; quizás, entonces, yo estaba actuando en correspondencia a como a mí me formaron, con dureza y con castigo para que fuese un niño modelo, y llegase a ser un hombre de bien. Pero la reflexión a esto es, ¿cuánta dureza en el trato realmente se necesita, para con la familia?

Que tremenda reflexión fue esa, me sentí de lo peor, pues solamente el Espíritu Santo puede buscar en lo más oculto de nuestros corazones, todas estas cosas y traerlas a la luz de la verdad, para que nuestra conciencia se active y podamos decidir cambiar, a tiempo ojalá; podamos así, arrepentirnos y pedir perdón si es el caso, y luego avanzar y salir de la parálisis emocional que todo ello ocasiona.

De esto se trata estimados lectores, se trata de que puedas limpiar tu corazón, a través del perdón, y también puedas ayudar a limpiar el corazón de aquellas personas con las cuales has compartido tu vida, y puedan quitar esas raíces de amargura que generalmente se convierten en "arboles" con raíces profundas llenas de odio, rencor, ira; estas heridas no sólo te dañan tu vida, sino que dañan la vida de otras personas, y de aquellas que amas, porque eso trasciende.

En la relación establecida en el triángulo que venimos usando, recuerden que, en su base, en un extremo estamos nosotros y el otro extremo puede estar nuestra esposa o nuestros hijos, y así cualquier otra persona, pues todas las relaciones pueden llevarse a esta aplicación triangular; por su puesto que, cada relación es distinta en su tratamiento y naturaleza, sobre todo como ya hemos visto, en lo que el amor se refiere en su tipo.

Bueno, la idea es que aprendamos a ver cada parte que interviene en este triángulo, con la justa posición de a quien estamos poniendo en el otro extremo de la relación, para poder implementar estrategias distintas, todas ellas llenas de la bondad y del amor que Cristo quiere que desarrollemos.

Si ponemos en el otro extremo a nuestra esposa, quiero darles algunos otros consejos que les puedan ayudar, para la gloria de Dios:

1.- <u>El no ver a tu esposa, como un objeto meramente sexual</u>, ciertamente por la gracia y diseño de Dios, nos creó para complementarnos y satisfacernos sexualmente hablando, y quiere Dios que nuestra entrega bajo el matrimonio sea máxima y plena, de tal forma que incluso dice en su palabra, que no nos evitemos el uno al otro, porque es darle cabida al mal, para que busque escusas en lo que la tentación conlleva.

Instrucciones sobre el matrimonio: "No se priven el uno al otro de tener relaciones sexuales, a menos que los dos estén de acuerdo en abstenerse de la intimidad sexual por un tiempo limitado para entregarse más de lleno a la oración. Después deberán volverse a juntar, a fin de que Satanás no pueda tentarlos por la falta de control propio.
(1 Corintios 7:5) NTV

Este es otro versículo que tiene una advertencia de fondo, la cual es, que, cuando nos unimos en matrimonio, no sólo es para compartir problemas y llegar a realidades materiales y económicas distintas, no podemos ver el matrimonio como una sociedad, ni otras cosas que conllevan esta unión, sino que desde el principio cuando Dios creo Adán, vio que no era bueno que estuviera solo, y entonces de su costilla saco a Eva, para que juntos pudiesen vivir a plenitud, ya que a Dios le plació hacernos capaces de procrear, para poblar el mundo, y Él sabe que este sistema de la procreación venida del producto de la unión entre el hombre y mujer, tiene capacidades limitadas pero que procuran en la persona, la necesidad de satisfacción; ósea, mientras vivamos, debemos satisfacernos. Por eso es necesario el unirnos en matrimonio para que podamos controlarnos en este tema de la pasión carnal, que se desborda y se hace incontrolable, sino tenemos la guía correcta.

Pero nuestra forma de entender y proceder con nuestra esposa, no debe ser la de verla como sólo para el sexo, y tratar de demostrarle nuestra potencia viral, y ser el macho cabrío que la destruye en la cama, no, cuidado con eso dice el Señor, pues nuestro trato para con ella, debe ser muy especial. Dice que debemos verla y tratarla como un vaso frágil y de hermosa textura.

"De la misma manera, ustedes maridos, tienen que honrar a sus esposas.
Cada uno viva con su esposa y trátela con entendimiento.
Ella podrá ser más débil, pero participa por igual
del regalo de la nueva vida que Dios les ha dado.
Trátenla como es debido, para que nada estorbe
las oraciones de ustedes.".
(1 Pedro 3:7) NTV

Que tremendo es entender que Dios indica que, si no tratamos bien a nuestra esposa, por más que oremos y le pidamos algo a Dios, no nos responderá, ya que estamos actuando mal con ella.

2.- <u>Usar y aplicar las Instrucciones para las Familias Cristianas</u>, En la Biblia, específicamente en Colosenses Capítulo 3, Versículos desde el 18 al 25, se nos dan estas instrucciones de cómo debe comportarse una familia del reino de los cielos, aquí en la tierra.

Allí están las recomendaciones al esposo, a la esposa y a los hijos. Una de las que explican lo que la familia representa, es el versículo 23, cuando dice que debemos trabajar como equipo, de buena gana en todo lo que hagamos, y nos recomienda pensar y ver que todo el trabajo que realicemos, lo hagamos como si fuera para el Señor, y no para la gente.

Definitivamente esto cambia todo nuestro proceder, porque cuando vemos que tenemos que realizar cualquier labor, tanto en el hogar, como en nuestros trabajos, y que debemos pensar que lo hacemos como para Dios, si, al contrario, pensamos que lo estamos haciendo para otras personas, seguramente cometemos muchos errores por los cuales Dios nos pedirá cuenta, y que además ese proceder nos cuestiona ante otros.

Pero en cambio, si se nos revela, que tenemos una misión especial como hijo(a) de Dios, y esa es hacer la diferencia para bien, en donde estemos, seguramente aprenderemos a poner la vista en Cristo, como el Dueño y Señor de nuestra vida y de nuestro hogar. Debemos entender que Cristo ha permitido nuestras vidas y nuestro trabajo, también ha definido una misión para con nosotros, y es dar el mayor esfuerzo a fin de lograr el máximo rendimiento posible, con el mayor amor que podamos dar, a fin de demostrar que somos dignos de llamarnos hijos del Dios Supremo.

Pero les confieso que esto suena bien, más no es fácil de hacer, pues nuestra naturaleza pecaminosa hace que pensemos que no es posible tal tipo de entrega, por los intereses de otras personas. Y si a esto le sumamos, que las otras personas realmente se dedicarán a hacer ver que no vale la pena ayudarlos, entonces será más difícil cambiar nuestra forma de actuar y pensar.

No aparece en la Biblia por ningún lado, la explicación y promesa que lo que hagamos va a ser fácil, no lo és, más bien la realidad expresada es que será una prueba que tendremos que enfrentar para demostrar nuestra fe, nuestro cambio y nuestra capacidad de amar. La Palabra dice que el hombre se pule con el hombre, haciendo referencia a la necesidad de moldear nuestro carácter, a través de las relaciones interpersonales.

Vaya reto este, por eso en estas instrucciones y en la descripción de la vida cristiana, hay tantos consejos de apoyarnos unos con otros, de vestirnos con la tierna compasión, bondad, humildad, gentileza y paciencia que Cristo nos da a través de su Espíritu. Explicándonos, además, que debemos vivir procurando la paz, y siendo agradecidos por todo; enseñándonos y edificándonos unos a otros, aconsejándonos unos a otros con toda la sabiduría que el Padre nos da.

Ahora quiero referirme, a LA UNIÓN, que tenemos una guía completa sobre lo que representa esta palabra "unión", y toda la belleza que ella envuelve cuando logramos entenderla y aplicarla en nuestras relaciones con otras personas que tienen nuestra misma creencia cristiana.

Esta descripción la encontramos en Efesios Capítulo 4, todo este capítulo está referido a la unidad en el cuerpo de Cristo, nosotros le pertenecemos y dice él que formamos parte de su cuerpo, y él representa la cabeza, la dirección. Hace la analogía con el cuerpo humano, para describirnos que así sucede con nosotros cuando le abrimos la puerta de nuestro corazón para que Jesús entre y viva en nosotros, espiritualmente sucede que nuestra alma, nuestro ser, va a convertirse en pieza fundamental e importante del mismo Jesucristo.

Nos pide que nos libremos de toda amargura, furia, enojo, palabras ásperas, calumnias, y toda clase de mala conducta, que son las características que nos definen cuando no tenemos a Dios y seguimos viviendo como antes; pero dice el Señor, que cuando lo recibimos a él, y seguimos su Palabra, nuestra naturaleza debe cambiar, y entonces por el contrario, debemos ser amables unos con otros, ser de buen corazón, y perdonarnos tal y como Dios nos ha perdonado por medio de Cristo. En fin, de esta tarea se trata la vida cristiana, todo un reto que es posible si ponemos toda nuestra atención y nuestra fe, en que Dios si lo promete, lo cumple, y debemos aprender a descansar en él, confiados que él hará en notros el mejor esfuerzo de cambio.

LAS CONSECUENCIAS DEL ORGULLO:

Una de los factores que destruye las relaciones, es el orgullo, tanto es así que quiero dedicarle unas cuantas líneas, para tratar este problema como se merece, a fin de ayudarle a usted, a que pueda tener cambios en su vida.

Definamos primero, ¿qué es orgullo?: según el diccionario de la real academia española, el orgullo es la arrogancia, la vanidad, el exceso de estimación propia; en Hebreo, encontré que el orgullo se dice: "gaón", y significa: altivez, arrogancia, grandeza, majestad, soberbia. Ahora veamos lo que dice la Palabra de Dios en:

El orgullo, trae consecuencias directas en los frutos probables de tu vida; en la Biblia, vemos un ejemplo descrito a través de la vida del rey Nabucodonosor, y es quizás uno de los mejores ejemplos del orgullo que aparece en la Palabra, incluso impactó a toda una generación.

Pero también es uno de los ejemplos más marcados del trabajo de humillación severa que Dios permitió, con el propósito de evidenciar la trasformación a causa de las demostraciones de su Poder para su Gloria.

En el libro de Daniel, encontramos ese ejemplo, y dice que cuando el rey Nabucodonosor en su corazón se ensoberbeció, y su espíritu se endureció por su orgullo, fue quitado del trono de su reino, y despojado de su gloria como tal. Y fue echado de entre los hijos de los hombres, y su mente se hizo semejante a la de las bestias, y con los asnos monteses fue su morada.

Dice la palabra que le hicieron comer como a buey, y su cuerpo se mojaba con la lluvia, y tal cual como una bestia vivía. Pero, esto sucedió hasta que reconoció que el Altísimo Dios tiene dominio sobre el reino de los hombres.

Dios puede humillar a los que andan con soberbia, y se opone al orgullo humano dondequiera que lo encuentre, y siempre le hará oposición. Dios es amor, pero debemos andar humildemente ante Él. Cuando empezamos a exaltarnos, por nuestro bien Dios nos podrá humillar, para que aprendamos muchas cosas que nos convienen aprender.

Dios merece todo nuestro amor y afecto, y debemos recordar que es nuestro creador y quien manda sobre todas las cosas; su justicia imperará, y le dará a cada quien lo que merece.

No obstante, el orgullo debe ser expuesto como tal, antes que podamos ser librados de su control, tal y como lo hizo con Nabucodonosor; el Señor, a veces nos dejará tocar fondo para que nos demos cuenta que todo lo bueno que tenemos viene de Él, y no se debe a nuestros propios talentos y esfuerzos.

Así que el orgullo, es suficientemente tratado en la Biblia, y tiene una relevancia muy marcada, porque es como la esencia del carácter que cayó en desgracia, cuando la desobediencia del hombre se manifestó desde la primera vez ante el creador. Por eso es que ninguna relación entre dos personas, o más, puede sostenerse, ni siquiera mantenerse estable, cuando el orgullo prepondera en alguno(a). La mejor explicación para que no exista confusión, es utilizar el símil de la altives en lugar del orgullo, pues muchos confunden el trato real de la traducción del orgullo, y más bien lo hacen coloquial y hasta de buena intención, cuando por ejemplo hablan del orgullo por lo hijos, o por una persona muy estimada.

CASADOS Y FELICES:

El Matrimonio puede llegar a ser la experiencia más feliz de nuestras vidas, o también puede llegar a ser la más triste, todo depende de la decisión de ambos, o de tan sólo uno de los dos.

Así de difícil puede tornarse el asunto, que, si tan sólo uno de los dos decide crear conflictos en el matrimonio, todo se volverá infelicidad, así el otro quiera luchar por mantener la relación en un ambiente de felicidad.

La clave está en que ambos entiendan que el amar y vivir en pareja, implica el esfuerzo y la dedicación para _entregarse_ en beneficio del otro. De esto se trata, justamente, _del otro y no de nosotros_. No de ti, sino _del otro_.

No puede haber duda, en que Dios instituyo el matrimonio para el bien. En Génesis Capítulo 2 Versículo 18, dijo Dios: "No es bueno que el hombre esté solo; le haré ayuda idónea para él."

Ser una pareja que se complementa, es el secreto de un matrimonio feliz. Si el impulso sexual es lo único que tienen en común, su relación será siempre inadecuada y poco satisfactoria.

Para que reine la verdadera felicidad matrimonial, el esposo y la esposa deben esmerarse para lograr que sus diferencias mentales, espirituales, emocionales y físicas se conjuguen en una relación de perfecta armonía.

Otra clave está en aprender a resolver las diferencias que se presenten, porque si algo pueden tener por seguro es que surgirán diferencias, ya que nadie es igual al otro, es imposible que existan dos personas iguales, Dios en su inmensa capacidad creativa nos hizo a cada quien diferentes; cuando nacemos, Dios rompe el molde, y esto es tan natural, que muchos lo olvidan y tratan de encontrar a su igual en la pareja del sexo opuesto.

Si somos distintos, por consiguiente, pensamos distinto, es por lo que cuando damos el paso de enamorarnos y luego casarnos, tendremos una relación entre distintos. Las diferencias es el "orden del día", más la clave está en el ACUERDO. En el acuerdo está el poder de la relación.

Debemos lograr crear un hogar con las características que ambos necesitan para sentirse bien de permanecer en él. Un hogar debe representar el sitio en el cual los dos quieran estar para su descanso, para su confort, para su nutrición, para su deleite, para sentir la mejor compañía.

Dios instituyo al hogar, como el sitio de la seguridad emocional. Un hogar feliz es la resultante de 2 factores: 1) Adecuada adaptada del uno con el otro y 2) Aplicación en la vida diaria de los principios del matrimonio señalados por nuestro Creador.

El mayor logro matrimonial está en llenar el hogar de un cálido amor, de una franca comprensión, de una buena comunicación, de la práctica de la escucha empática, en dónde el testimonio sea la capacidad que han logrado desarrollar dos seres distintos, para vivir en armonía; todo un reto, pero muy posible de realizar. Dios diseñó la relación de parejas, como una institución del corazón en la cual dos personas opuestas, a través del poder de la atracción y la fe, logren vivir en armonía.

Cada uno de nosotros conformamos una mezcla de temperamentos con características provenientes de nuestros padres, así como de nuestros abuelos, y todo ello forma nuestro propio carácter.

Esos temperamentos, se han definido de la siguiente manera:

1) Temperamento Sanguíneo: Es cálido, alegre, vivaz.
2) Temperamento Colérico: Es fogoso, de genio vivo, activo, práctico, de voluntad recia.
3) Temperamento Melancólico: Es perfeccionista, analítico, con tendencia al auto sacrificio, emocionalmente hipersensible.
4) Temperamento Flemático: Es tranquilo, calmado, sereno, lento y equilibrado.

¿Por qué se atraen los polos opuestos?

La mente subconsciente ejerce sobre nosotros una influencia mayor de lo que la gente imagina; la tendencia es que, en la mente de cada quien, según su tendencia mayoritaria temperamental, busca una relación con aquel polo opuesto a sus características.

El extrovertido, en su subconsciente quisiera ejercer un mayor control sobre sí mismo, el introvertido piensa ojalá fuera el centro de la atracción de la fiesta. El asunto es que este trabajo subconsciente, es una mera apariencia emocional que, al principio de toda relación, se presenta como prioridad pero que después de iniciar dicha relación, y con el tiempo, se va diluyendo y aparecen las debilidades que dejan a un lado lo positivo de la otra persona, y aflora lo no tan positivo.

No hay ser humano que no tenga debilidades, según la perspectiva de otro ser humano. Nadie es perfecto en esta vida terrenal, y, sin darnos cuenta todo se traduce en aprender a vivir con mis debilidades y con las debilidades de mi pareja.

Es por ello que es muy difícil lograr sostener un matrimonio, sin contar con los atributos que sólo el Espíritu Santo nos provee, una vez que lo recibimos en nuestro corazón claro. Entonces, nos hacemos conscientes que estamos bajo la carga de nuestro propio esfuerzo, y eso nos limita, ya que no tenemos las mejores herramientas para mantener una relación por años.

Recordemos que estos atributos del Espíritu Santo son: Amor, Gozo, Paz, Paciencia, Benignidad, Bondad, Fe, Mansedumbre y Templanza. (Gálatas 5:22-23).

Los desacuerdos en una relación, son naturalmente lógicos que se presenten, más no significan una amenaza para el matrimonio; pero será, la forma en que actúa la pareja, la que determinará el éxito o el fracaso de esa relación. El aprender a ceder para que la otra persona tenga triunfos emocionales, buscando el equilibrio ya trabajado anteriormente.

La madurez de una relación es la que permite su crecimiento, y es justamente la capacidad que han desarrollado en la resolución de los desacuerdos, la que hará la diferencia. La solidez que tiene una reacción, está basada en ello, en conocerse al punto de saber sus diferencias, respetarlas, ceder ambos ante ellas y llegar al acuerdo, todos los días que sea necesario.

Sugerencias para enfrentar los desacuerdos y convertirlos en poderosos acuerdos:

1) Cuando sintamos frustraciones, resentimientos u otras formas de hostilidad, detengámonos y echemos una mirada objetiva a las causas que lo provoca.

2) Debemos orar por el problema. En primer lugar, confesemos nuestro sentir ante Dios, entendiendo que al pensar todo ello, estamos de alguna forma contristando (entristeciendo) al Espíritu Santo que vive en nosotros. (Efesios 4:30-31).

   Dice la palabra en (Efesios 4: 32): "Antes sed benignos unos con otros, misericordiosos, perdonándoos unos a otros, como Dios también os perdonó a vosotros en Cristo."

   Nuestra felicidad no depende del comportamiento del cónyuge. Pidámosle a Dios que nos llene de su Espíritu, y luego que nos guíe para caminar con Él en todo momento.

3) Elijamos un momento y lugar propicio para hablar en amor, con nuestra pareja, y tratemos el tema de lo que nos hizo sentir mal, o de las palabras indebidas, siempre pidiéndole a Dios que intervenga y nos ayude.

   Lo difícil será que, ninguno sienta que pierde por esta razón, y que el otro gana. Este sentimiento de perder o ganar es terrible en una relación, ya que es un falso testigo que sugestiona la mente y la lleva a un campo de batalla. Y eso no es así, en ningún momento un matrimonio es un campo de batalla, eso lo ha sugerido el mundo y su maldad, nunca Dios estableció que un matrimonio era eso, sino lo contrario, el mejor escenario para que nazca el amor entre dos personas, la práctica del perdón y el poder del acuerdo.

4) No miremos las debilidades del otro, sino enfoquémonos en sus fortalezas, y agradezcámosle a Dios por ello.

5) Olvidemos los errores del pasado, las acciones guiadas por el Espíritu Santo aumentarán nuestro amor.

Si quiere que su esposa le trate como a un rey, trátela usted a ella como a una reina. Si usted está empezando con su matrimonio, o si está pensando en iniciarlo, la recomendación es: Trate de no tener hijos por lo menos en el primer año de su matrimonio. De esta manera podrá tener el tiempo necesario para adaptarse el uno al otro, y aprender del uno y del otro, para luego pretender adaptarse también a un hijo, que es otro tema.

El asunto es que increíblemente cuando dan el paso de casarse legalmente, empieza un periodo de adaptación lógico y necesario, pero que muchos no se permiten, y si son bendecidos de inmediato con un hijo(a), entonces hay como que tres cosas a la vez, en el proceso de adaptación y costumbre, el yo, el otro y el fruto.

Los estudios han revelado, que 7 de cada 10 divorcios ocurrieron en los primeros 3 años del matrimonio, y esto es debido básicamente a que no se logró soportar el proceso de adaptación inicial, porque no se dieron los tiempos necesarios para la adaptación y la costumbre.

Muchos de los que han prosperado en sus matrimonios, coinciden en que los 3 primeros años fueron de alegría y bendición, pero también lo fueron de sobrellevar duras experiencias de adaptación. Hay una alta probabilidad de supervivencia después de los 3 primeros años juntos, pero no es garantía de nada, siempre hay que vivir pensando que la llama del fuego del amor, este encendida, más no se quemen en ella ni ocurra un incendio devastador.

Hay 3 áreas de adaptación matrimonial importantes de tomar en cuenta, a fin de desarrollarlas para el beneficio de la pareja, y estas son en el área: mental, física y espiritual. Cada una de esas áreas debe ser motivo de adaptación.

Cuando la edad de los cónyuges oscila entre los 20 y los 30 años, lo físico predomina. Entre los 30 y 40 predomina lo mental, luego de los 40 años predomina lo espiritual. Esto es como un proceso en el orden natural de las cosas.

Más en todo tiempo, potencialmente el área espiritual es la más importante, y es por ello que debe ejercer su influencia sobre las otras dos, pues ya lo dice la Palabra: La regla de oro de la adaptación está establecida en (Filipenses 2:3-4) "Nada hagáis por contienda o por vanagloria; antes bien con humildad, estimando cada uno a los demás como superiores a él mismo; no mirando cada uno por lo suyo propio, sino cada cual también por lo de los otros.". Tomando la determinación ante Dios de actuar con un verdadero espíritu de renuncia al pasado y al pecado, buscando la felicidad del cónyuge.

¿Quién debe administrar el dinero?

Dios ha dejado claramente establecido en su Palabra que el hombre debe ser la cabeza del hogar. El cumplimiento de este principio lleva a la felicidad; su violación produce dolor. Sin embargo, en la mayoría de los hogares esto ha dado paso a una polémica, en la cual terminan o tratándose como socios, o el de carácter más débil con el asunto dinero, le deja mejor la carga a la otra persona, para que se pueda lograr la supervivencia económica.

Dios no habría dado la tarea a la mujer de someterse a su esposo, si no hubiera sido por alguna causa que a veces no podamos entender, ¿Por qué es importante este principio cuando se lo relaciona con las finanzas del hogar?, sencillamente por el principio humano de que "quien maneja la cartera gobierna la familia". No sé si a usted en su relación le ocurre, a mí, me ocurrió y fue devastador este principio humano, cuando tu pareja se vuelve soberbia porque gana mucho dinero, o más que tú, y tiene el orgullo enaltecido por ello, se trastoca toda la relación y vienen todas estas influencias negativas de la corriente del mundo, que le dicen a la mujer "tú tienes igual de derecho que el hombre", "tú puedes independizarte de él", "no dependas de él porque te puedes volver esclava", etc.

Esto no quiere decir que a la esposa le está prohibida la injerencia en el asunto de la economía familiar, no para nada, es más, debe participar activamente; el asunto es, si tienen ambos la madurez necesaria para tratar el tan delicado tema del dinero compartido.

Se debe asignar un presupuesto, que sería bueno que la esposa manejara, para las compras básicas de alimentos y gastos generales del hogar; pero también, debería haber una asignación particular y especial para que la esposa pueda cubrir sus necesidades personales, y así todo aquello en lo que se pongan de acuerdo. No es que el marido debe ser el único responsable de toda la estructura económica del hogar, no, tienen que ser ambos, y las cuentas deben ser transparentes y deben estar a la vista de los dos, pero en el rol natural dado por Dios al hombre, es que sea la cabeza, él debería llevar la voz principal de sugerencias en el cómo distribuir y darle prioridades a las inversiones o gastos, siempre consultándolo con su amada esposa. Recordemos que ella es la ayuda idónea, a ella hay que aprender a escuchar, si a ella no le parece una inversión determinada de dinero, o gasto, hay que meditar en ello. Pero lo más importante es que la mujer no cree problemas, si cuando el hombre actúa en materia de dinero, y algo pasas que no tenga un buen resultado, lo peor es que ella diga: "te lo dije".

A mi manera de ver las cosas, siempre debe haber una excelente relación de participación y opinión entre ambos, todo es cuestión de los acuerdos y del respeto en su cumplimiento. La comunicación efectiva y amable debe ser una bandera en la relación de una pareja.

En al UNIDAD hay un Poder especial para lograr la tan anhelada felicidad.

Gracias por leer este libro, Espero tengas un encuentro genuino con Cristo,
y puedas disfrutar de muchos más regalos que él tiene previsto para ti.
Dios te siga bendiciendo grandemente.

BIBLIOGRAFÍA

Tyndale House Foudation, (2010). *Santa Biblia, Nueva Traducción Viviente.* Estados Unidos de América.

Sociedades Bíblicas Unidas, (2000). *Santa Biblia, Antigua versión de Casiodoro de Reina (1569), revisada por Cipriano de Valera (1602). Otras revisiones 1862 y 1909. Texto Bíblico: Reina – Valera 1960.* Impreso en Colombia.

Adams, J.R. (1993). *Latin American Heroes.* Nueva York: BallantineBooks.

Banco Interamericano de Desarrollo. (Anual). *Progreso Económico y Social en América Latina.* Washington: Banco Interamericano de Desarrollo.

Banco Mundial. (1993). *Los Recursos Humanos en América Latina y el Caribe.* Washington: Banco Mundial.

Banco Mundial. (Anual). *Informe sobre el Desarrollo Mundial.* Washington: Banco Mundial.

Barker, J.A. (1995). *Paradigmas: El Negocio de Descubrir el Futuro.* Bogotá: McGraw-Hill.

Borner, S. et al. (1991). *La Incertidumbre Institucional en América Latina.* Serie Diálogo FUNDES 4. Bogotá: FUNDES.

Castañeda, C. (1999). *La Herencia.* México: Alfaguara.

Cavallo, D. (1997). *El Peso de la Verdad.* Buenos Aires: Planeta.

Guedes, Víctor. (2003). *Retos Éticos de América Latina.* Caracas, Venezuela. Editorial Planeta.

<u>**Mario Javier Bowen Méndez**</u>

- *Es misionero de Cristo Jesús en las naciones.*
- *Formado como líder de células y trabajó varios años con matrimonios.*
- *Apoyó como líder junto a su esposa, durante 4 años, en el ministerio de ujieres, tiempo en el cual desarrollaron el "Manual de Ujieres" para servidores de la Iglesia de Cristo.*
- *Es líder del ministerio de integración, trabajo que contempla el apoyo en la preparación del liderazgo de la iglesia cristiana.*
- *Creador, facilitador y líder de la Escuela del Servicio a Dios.*
- *Actualmente y junto a su esposa, son formados para el desarrollo del llamado pastoral*
- *Creador y Conductor de la propuesta para el programa radial denominado "Boga Mar a Dentro"; el cual tiene como objetivo principal, desarrollar micros con la revelación del Espíritu, y difundir las PERLAS PRECIOSAS que están en la profundidad de océano de la sabiduría de nuestro creador.*
- *Es Ingeniero de Sistemas como profesión inicial, y luego de ello ha culminado estudios superiores en mercadeo y otros en otros programas de especialización en gerencia en las áreas de: logística, recursos humanos, servicios generales y ventas.*
- *Es profesor universitario, y trabajó en varias universidades nacionales en Venezuela, en las áreas de pregrado, postgrado y diplomados.*
- *Actualmente también sigue siendo Asesor, Consultor Integral y Couching Organizacional, rol que ejerce desde hace más de 30 años en diversos países.*
- *Ocupó diferentes cargos directivos, gerenciales y de supervisión, en empresas nacionales y multinacionales.*
- *Fue Fundador del periódico Full Tecnología, y del programa radial que lleva el mismo nombre.*
- *Forma parte de la Directiva de la Fundación "VEN DEJA TU HUELLA", que está naciendo en el 2019, para la gloria y honra de Dios, con el objetivo de ayudar al desarrollo de las Naciones, a través de varias propuestas de impacto social.*

NO TE PARALICES
Activa tu Crecimiento Personal
y Mejora la Capacidad de Relacionarte

En este libro describo testimonios sobre situaciones difíciles que generaron en mí, una especie de parálisis; entendiendo el uso de esta palabra, como aquel estado en el cual no encontramos que hacer, no sabemos qué decisión tomar, y llega a ser tan complicado, que sentimos que todo a nuestro alrededor está en nuestra contra.

El orgullo y la altivez del corazón hacen que nos encerremos y no seamos capaces de pedir ayuda, es parte de nuestra condición humana; así que, este estado puede llegar a ser altamente peligroso, ya que es previo a los sucesos productos del desespero, de la angustia y del sentimiento de soledad y vacío tan grande, que inunda la mente, la bloquea y al mandar una señal equivocada al corazón, hace implosión y vienen las consecuencias lamentables.

Todo ello afecta también a todas las personas con la que nos relacionamos, especialmente a la familia, de una u otra manera. Gracias a la misericordia de Dios, quien me auxilio a tiempo a través de su Hijo Jesucristo, y de su Espíritu Santo, pude salir de ese desesperante estado, y renacer a una nueva vida; por lo que, en agradecimiento infinito a lo que Él hizo por mí, decidí escribir este libro, buscando que también le pueda ayudar a usted en cualquier situación, porque todos pasamos por pruebas difíciles en esta vida.

Si esto ocurre, que este libro le ayude, es mi deseo y oración que en usted también se despierte el amor por el prójimo, y entonces logremos juntos multiplicar la gracia de Dios ayudando a muchas otras personas.

Le pido a Cristo Jesús le acompañe en esta
lectura, le llene de esperanza y bendiciones.

EL AUTOR

Mario Javier Bowen Méndez

www.ingramcontent.com/pod-product-compliance
Lightning Source LLC
Chambersburg PA
CBHW081357160726
48000CB00010B/3388